El
*F*IEL
*T*ESTIGO
BAUTISTA

Por

Dr. Phil Stringer

ISBN 978-0-9846553-2-8

Phil Stringer
5846 N. Kimball
Chicago, IL 60659
Teléfono: (773) 478-6083
Email: philstringer@att.net

Traducido por Dr. Humberto Gómez Caballero
www.humbertogomez.com
humberto_gmz@yahoo.com

Todas las citas Bíblicas son tomadas
de la Biblia "Reina Valera Gómez"

La Portada fue Diseñada y Formateada por:
The Old Paths Publications, Inc.
Cleveland, Georgia, 30528
Teléfono: (706) 865-0153
Email: TOP@theoldpathspublications.com

Impresa en USA por Lightning Source, Inc.
http://www.lightningsource.com/

1.0

CONTENIDO

	Dedicatoria	4
	Prólogo	5
	Introducción	7
Capítulo 1:	Autoridad Única de Las Escrituras	9
Capítulo 2:	Otros Distintivos Bautistas	15
Capítulo 3:	¿Fue Bautista La Iglesia Neotestamentaria?	19
Capítulo 4:	¿Fueron Bautistas las Iglesias Neotestamentarias?	27
Capítulo 5:	Historia de la Doctrina del Bautismo	33
Capítulo 6:	Comparación de los Bautista con otras Denominaciones Sectas y Movimientos	39
Capítulo 7:	La Persecución de la Iglesia Primitiva	47
Capítulo 8:	Desarrollos Buenos y Malos de la Iglesia Primitiva	53
Capítulo 9:	Los Montanistas, Donatistas y Novacianos	61
Capítulo 10:	Los Paulicianos	67
Capítulo 11:	Los Cristianos Celtas	73
Capítulo 12:	La Historia de la Doctrina De La Separación de la Iglesia y el Estado	79
Capítulo 13:	La Edad Oscura	85
Capítulo 14:	Héroes Bautistas de la Edad Oscura	91
Capítulo 15:	Bautistas Ingleses de la Pre-Reforma	95
Capítulo 16:	Los Waldenses	101
Capítulo 17:	El Surgimiento de los Anabaptistas	107
Capítulo 18:	Las Ideas de los Bautistas ayudan a Crear la Reforma	115
Capítulo 19:	El Fiel Testigo Bautista	121
Capítulo 20:	La Reforma	133
Capítulo 21:	Los Anabaptistas Suizos	141
Capítulo 22:	Los Anabaptistas Alemanes	147

Capítulo 23:	Los Bautistas en Holanda	155
Capítulo 24:	Los Bautistas Ingleses	161
Capítulo 25:	Las Ideas Bautistas se Esparcen por toda Europa	167
Capítulo 26:	Desarrollos Posteriores de los Bautistas Ingleses	173
Capítulo 27:	Los Bautistas en las Colonias Americanas y en los Confines de la Civilización	179
Capítulo 28:	Los Bautistas y la Fundación de la República Americana	185
Capítulo 29:	Los Bautistas se esparcen de Costa a Costa	191
Capítulo 30:	Los Bautistas y el Movimiento Misionero Moderno	197
Capítulo 31:	Las Controversias de los Bautistas	203
Capítulo 32:	Los Bautistas y el Levantamiento del Fundamentalismo	209
Capítulo 33:	Otros Desarrollos Bautistas	217
Capítulo 34:	La Expansión Bautista: Edificadores de Iglesias y la Educación Cristiana	225
Capítulo 35:	Organizaciones Bautistas	231
Capítulo 36:	Los Héroes Bautistas nos inspiran para el futuro	239
Capítulo 37:	Los Bautistas Hispanos	245
Capítulo 38:	Acerca Del Autor	247

DEDICATORIA

DEDICO ESTE LIBRO A MI AMADA ESPOSA CINDY

Gracias por ser tan comprensiva mientras yo buscaba en tiendas de libros usados; por ser tan generosa cuando yo gastaba nuestro dinero en libros que consideraba "tesoros;" y por ser tan paciente al pasar yo tanto tiempo "metido en los libros."

PRÓLOGO

Es para mí un honor escribir el prólogo para el libro "El Fiel Testigo Bautista," escrito por mi estimado amigo, Dr. Phil Stringer. El Dr. Stringer ha hecho un excelente trabajo poniendo en tinta y papel la extraordinaria riqueza de nuestra Herencia Bautista.

Al leer este libro usted aprenderá a apreciar la grandeza de nuestros antepasados, caracterizada por su indomable carácter y su amor por la sana doctrina. Los Bautistas históricos fueron hombres y mujeres que decidieron nunca abandonar sus Principios y jamás se doblegaron ante la adversidad. Las Persecuciones, inquisiciones y hogueras jamás lograron intimidarlos.

En este libro observará con admiración el hermoso Legado que nuestros antepasados nos dejaron. Aprenderá que los Bautistas nunca han huido a la confrontación, por el contrario, siempre la han enfrentado; y lo han hecho, no solo con valentía, sino también con gallardía y gracia.

Aprenderá que los Distintivos Bautistas no son sólo sus Principios Inmutables y su Sana Doctrina, sino también su Pasión por las Almas. Un distintivo que acentúa la palabra Bautista es "La Pasión por las Almas." Jamás ha existido otro grupo Cristiano con más pasión por las almas que los Bautistas. Su historia ha quedado escrita con la sangre de sus mártires, quienes, por ganar a los perdidos, jamás han escatimado precio.

Es mi oración que este espléndido libro inspire a nuestra generación a permanecer firmes por la gran herencia que nos ha sido dada a través de la fidelidad de nuestros antepasados Bautistas. Que también nosotros estemos dispuestos *"a contender ardientemente por la fe que ha sido una vez dada a los santos"*.

Sé que este libro le será bendición como lo fue para mí. Fui salvo en una Iglesia Bautista (en Octubre de 1971), y desde mi conversión siempre he sido Bautista. Hoy más que nunca puedo entender la importancia de ser y permanecer ¡Orgullosamente Bautista!

Dr. Humberto Gómez

Y yo también te digo que tú eres Pedro, y sobre esta roca edificaré mi iglesia, y las puertas del infierno no prevalecerán contra ella. (Mateo 16:18) RVG

INTRODUCCIÓN

El 11 de Abril de 1612, Edward Wrightman murió en la hoguera en Litchfield, Inglaterra por declarar que el bautismo de infantes era una costumbre abominable. ¡Su muerte fue la última ejecución de alguien en Inglaterra por ser Bautista! A él lo habían precedido incontables miles a través de cientos de años.

¿Cuál fue la causa por la que tantos cristianos estuvieron dispuestos a sacrificar su vida por sus convicciones? ¿Qué hizo que tantos reyes, gobernadores, soberanos y obispos eclesiales odiaran estos Principios y a la gente que tanto apreciaba aquellas Convicciones? En el Siglo XX, se le han dado muchos significados al nombre *Bautista*; pero históricamente los Bautistas han sido Cristianos Evangélicos adheridos a las verdades básicas de la fe Cristiana y a las siguientes seis doctrinas:

- La Biblia como la única autoridad para la fe y práctica;
- Iglesias autónomas e independientes;
- Una membrecía regenerada de la Iglesia;
- El Bautismo sólo de los Creyentes por inmersión y La Cena del Señor como las únicas Ordenanzas de la Iglesia;
- El sacerdocio de todos los creyentes y la libertad del alma; y
- La separación de la Iglesia y el estado.

A estos principios se les conoce como los "Distintivos Bautistas."

Ciertas personas usan el término *Bautista* para describir a aquellos que pueden trazar el origen de su descendencia a los Anabaptistas Suizos del Siglo XVI. En este libro usaremos el término *Bautista* para describir a aquellos que se han apegado a los Distintivos Bautistas históricos. Desde el principio de la historia de la Cristiandad, ha habido quienes se han desviado de las sencillas verdades Bíblicas expresadas en los Distintivos Bautistas. Generalmente, los seguidores de la cristiandad denominacional organizada son los que forman esta gran mayoría; sin embargo, siempre ha habido algunos que se han apegado a estas sencillas verdades Bíblicas.

Quienes han abrazado estas simples verdades Bíblicas han sufrido gran persecución debido a que estas verdades representan una amenaza para las autoridades religiosas establecidas. Nuestros antepasados Bautistas fueron hombres y mujeres de gran valor y devoción a la Palabra de Dios. Fueron héroes y heroínas en todo el sentido de la palabra. Ellos merecen nuestro más profundo aprecio y agradecimiento.

Hoy en día, existen muchos que usan el término *Bautista* sin adherirse a la fe Cristiana Evangélica e histórica de los Distintivos Bautistas. Desde finales de los años veintes esto ha creado mucha controversia entre los que llevan el nombre *Bautista.* Ciertamente, todos debemos ser libres de practicar nuestra propia fe religiosa y expresar nuestras creencias doctrinales. Sin embargo, los que usan el nombre Bautista, y al mismo tiempo niegan las verdades por las que nuestros antecesores Bautistas sufrieron, hacen una gran injusticia a su memoria y al término Bautista.

Para los propósitos de este texto llamamos Bautista a aquellos que se adhieren a los grandes fundamentos de la fe Cristiana:

- La Trinidad: Dios Padre, Hijo y Espíritu Santo, tres sin dejar de ser uno, y totalmente Dios;
- La Inspiración, Inerrancia e Infalibilidad absoluta de Las Sagradas Escrituras.
- La encarnación, el nacimiento virginal, la vida sin pecado, muerte, sepultura, resurrección y la expiación sustitutiva de Jesucristo;
- La salvación personal de todos los que ponen su fe en el Evangelio de Cristo; y
- La realidad de la Segunda Venida, el Cielo y el Infierno.

Se considera Bautistas a aquellos que sostienen y se apegan a estas doctrinas fundamentales, junto con los antes mencionados "Distintivos Bautistas."

CAPÍTULO 1

LA AUTORIDAD ÚNICA DE LAS ESCRITURAS LOS DISTINTIVOS BAUTISTAS

- La Biblia como la única autoridad de fe y práctica.
- Iglesias Independientes Autónomas.
- Una Membresía Regenerada en la Iglesia.
- El Bautismo Sólo de los Creyentes por Inmersión y La Cena del Señor como las únicas Ordenanzas de la Iglesia.
- El Sacerdocio de todos los Creyentes y la Libertad del Alma.
- La Separación de la Iglesia y el Estado.

El principal y crucialmente más fundamental distintivo Bautista es la doctrina de que la Biblia es la única y exclusiva autoridad de fe y práctica del Cristiano. Todas las otras doctrinas y Distintivos Bautistas descansan totalmente sobre la realidad de esta verdad.

Primero, examinaremos lo que queremos decir al afirmar que Las Escrituras son la única autoridad para la fe y práctica. Los Bautistas históricos creen en la Inspiración Plenaria y Verbal del Antiguo y Nuevo Testamento. Creen que La Biblia en su totalidad es la revelación de Dios, Infalible e Inerrante y que es La Palabra de Dios escrita al hombre.

Por "Inspiración Verbal" queremos decir que el Espíritu Santo guió y controló a los hombres a quienes Él usó para escribir Las Escrituras y que no son meramente las ideas de los que escribieron, sino las palabras mismas que vinieron de Dios. Así dirigió Él a cada individuo para escoger las palabras, de manera que, en realidad son, ¡Sus palabras!

Por "Inspiración Plenaria" queremos decir que la Biblia entera es La Palabra de Dios. Cada parte de la Biblia es igualmente Inspirada y Las Escrituras que tenemos ahora son toda la revelación que Dios quiso darnos. No hay necesidad de ninguna otra revelación hasta que Cristo regrese. Es importante recordar que la Biblia no contiene L a Palabra de Dios, sino que e s en realidad, La Palabra de Dios.

Por "Infalible" queremos decir que toda instrucción dada en Las Escrituras, es verdadera y correcta. Ninguna de las instrucciones que Dios nos da es errónea, impropia, pasada de moda o para ser hecha a un lado. La Biblia debe obedecerse en su totalidad porque es La Palabra de Dios. Por "Inerrante," queremos decir que ¡Dios ha preservado Las Escrituras de cualquier error Teológico, filosófico, moral, histórico y científico! Se puede tener plena confianza en cada declaración de Las Escrituras.

Existen muchos pasajes de la Biblia que presentan con claridad estas verdades básicas de La Palabra de Dios.

"Toda Escritura es dada por inspiración de Dios, y e s útil para enseñar, para redargüir, para corregir, para instruir en justicia, para que el hombre de Dios sea perfecto, enteramente preparado para toda buena obra" (II Timoteo 3:16-17)

"Siendo renacidos, no de simiente corruptible, sino de incorruptible, por la palabra de Dios que vive y permanece para siempre. Porque toda carne es como la hierba, y toda la gloria del hombre como la flor de la hierba. La hierba se seca, y la flor se cae; mas la palabra del Señor permanece para siempre. Y ésta es la palabra que por el evangelio os ha sido predicada" (1 Pedro 1:23-25)

"Entendiendo primero esto, que ninguna profecía de la Escritura es de interpretación privada; porque la profecía no vino en tiempo pasado por la voluntad del hombre, sino que los santos hombres de Dios hablaron siendo guiados por el Espíritu Santo" (II Pedro 1:20-21)

"Estudia con diligencia para presentarte a Dios aprobado, como obrero que no tiene de que avergonzarse, que traza bien la palabra de verdad" (2 Timoteo 2:15)

Todos los Cristianos ortodoxos fundamentales están de acuerdo con la doctrina previamente expresada en cuanto a la

Inspiración Verbal y Plenaria de Las Escrituras. Sin embargo, históricamente, los Bautistas han llevado esta importante posición un paso más adelante. Los Bautistas (y sólo unos cuantos más) enseñan que Las Escrituras son la única autoridad para la fe y práctica. Muchos que sostienen la enseñanza de la Inspiración Plenaria dicen que la Biblia es la autoridad final, o que es la autoridad máxima. Esto significa que aceptan la Biblia como Inspirada, y que nada contradice a Las Escrituras, pero que puede haber otras fuentes de autoridad espiritual en los asuntos que Las Escrituras no tratan. Generalmente estas posibles autoridades serían:

- Revelación adicional de Dios (ejemplo, el movimiento carismático);
- Concilios de iglesias; (por ejemplo, Los Presbiterianos Ortodoxos;) o
- La tradición, la historia de la iglesia, o un maestro espiritual prominente (por ejemplo el Catolicismo Romano).

Como quiera que sea, ninguna de estas fuentes es confiable. Los Bautistas históricos nos enseñan que no sólo todo el contenido de la Biblia es cierto, sino que todo lo que necesitamos es la Biblia. Los Bautistas no aceptan el concepto de la revelación adicional, las decisiones autoritarias de los concilios de iglesias, la tradición humana, ejemplos de liderazgo o la historia como autoridades espirituales. Dios nos ha dado en Las Escrituras todo lo esencial para nuestro bienestar espiritual. Es imposible atribuirle un valor excesivo a la importancia del concepto de la sola o única autoridad de Las Escrituras.

La Biblia enseña que Dios nos ha dado autoridad humana legítima para controlar ciertas áreas de nuestra vida (vea Romanos 13:1-7 y I Pedro 2:13-16). La obediencia a la autoridad humana (como se expresa en su área legítima y limitada) es obediencia a la voluntad de Dios como se expresa en Las Escrituras. Ejemplos Bíblicos de autoridad humana incluyen a:

- Pastores.
- gobierno civil,
- esposos,

- padres, y
- patrones.

Al mismo tiempo que su autoridad es real y Escritural, debe recordarse que también es personal y limitada.

Los padres pueden expresar la voluntad de Dios para sus hijos, pero no pueden expresarla para otras familias. Un pastor puede proveer liderazgo espiritual legítimo para su congregación, pero no puede ejercer autoridad sobre otras congregaciones. El gobierno civil, aunque tiene un lugar de parte de Dios para mantener la ley y el orden, no tiene lugar en la vida espiritual del individuo, o en los asuntos de la iglesia, o en enseñar o establecer doctrina.

Obviamente que una persona inteligente va a aprender de ejemplos piadosos; pero, independientemente de cuánta ayuda útil podamos obtener de algunos métodos o procedimientos, estos, no son verdades espirituales infalibles y nunca deben ser considerados como tales.

Los Cristianos que son diligentes siempre van a ser cuidadosos en la interpretación de Las Escrituras. El decir que Las Escrituras son nuestra autoridad, y luego decir que no existe manera de estar seguros de lo que enseñan, hace de la doctrina de Las Escrituras algo que no tiene sentido ni significado.

Para ser efectivos en nuestro uso de Las Escrituras, debemos practicar la Interpretación Literal. No debemos buscar significados fantasiosos, sino reconocer el uso normal de las palabras. Debemos aceptar que lo importante no es nuestra opinión sobre lo que creemos que significan Las Escrituras, sino más bien lo que el Espíritu Santo estaba diciendo a través de los autores humanos de La Biblia. El significado está en el contenido de Las Escrituras, no en nuestra imaginación u opinión personal. La clave para una interpretación correcta de Las Escrituras (hermenéutica) consiste en descubrir lo que Dios dijo a través de los autores humanos.

La doctrina de la única autoridad nos recuerda que nuestra tarea es "descubrir" la verdad de Las Escrituras, no "decidir" la verdad de Las Escrituras.

La doctrina de la sola o única autoridad conduce directamente a la doctrina de la separación de la iglesia y el estado. Si La Palabra de Dios es nuestra única autoridad de fe y práctica, entonces el estado no puede convertirse en autoridad sobre los asuntos de la iglesia o de la vida espiritual de los Cristianos como individuos.

Pedro y Juan pusieron muy en claro esta verdad cuando resistieron el intento de los gobernantes judíos locales de detener su ministerio.

"Y llamándolos, les intimaron que en ninguna manera hablasen ni enseñasen en el Nombre de Jesús. Mas Pedro y Juan, respondiendo, les dijeron: Juzgad si es justo delante de Dios obedecer a vosotros antes que a Dios. Porque no podemos dejar de decir lo que hemos visto y oído" (Hechos 4:18-20).

Pedro y los apóstoles pronto reafirmaron esta verdad a los gobernantes locales.

"Y cuando los trajeron, los presentaron ante el concilio, y el sumo sacerdote les preguntó, diciendo: ¿No os ordenamos rigurosamente, que no enseñaseis en este Nombre? Y he aquí, habéis llenado a Jerusalén con vuestra doctrina, y queréis echar sobre nosotros la sangre de este hombre. Respondiendo Pedro y los apóstoles, dijeron: Es necesario obedecer a Dios antes que a los hombres" (Hechos 5:27-29).

Esta doctrina es lo que seguido ha causado que gobiernos inicien persecuciones en contra de los Bautistas. A través de la historia la mayoría de los gobiernos y líderes gubernamentales han pensado que su autoridad no tiene límite. Esto constantemente los ha llevado a interferir en las prácticas religiosas y la vida personal de la gente a quienes han gobernado. La doctrina de la libertad de culto es el enemigo número uno de las tiranías. Donde la gente es libre de creer como su corazón y mente le dictan, y de practicar su fe religiosa, muy pronto vienen las demás libertades correspondientes. Los monarcas, los dictadores y los tiranos a través de la historia así lo han entendido y por eso han peleado contra la doctrina de la libertad de culto como si su gobierno o reinado dependiera de ello (y en realidad si depende de ello).

Como lo veremos más adelante, los Bautistas jugaron un papel muy importante en establecer el concepto de la libertad religiosa como un factor principal en el sistema de Gobierno Americano.

La Biblia enseña claramente que no podemos obtener nuestra autoridad espiritual de ninguna otra fuente que no sea de la Biblia misma.

"En vano me honran, Enseñando doctrinas y manda-mientos de hombres" (Mateo 15:9).

En la Biblia se nos enseña con mucha claridad que el estado sí tiene su lugar, y que debemos ser diligentes en responder al estado en su área de autoridad. Se nos recuerda, "Dad, pues, a César lo que es de César..." (Mateo 22:21a). Y una vez más, se nos enseña que el papel del estado es limitado, y que debemos dar al César lo que a él le pertenece, "... y a Dios lo que es de Dios" (Mateo 22:21b).

CAPÍTULO 2

OTROS DISTINTIVOS BAUTISTAS

"Y yo también te digo, que tú eres Pedro, y sobre esta roca edificaré mi iglesia, y las puertas del infierno no prevalecerán contra ella." (Mateo 16:18)

Las otras doctrinas Distintivas de los Bautistas fluyen naturalmente de su doctrina básica, la única y sola autoridad de Las Escrituras.

La doctrina de la iglesia autónoma e independiente se deriva de varias verdades claras en la Biblia. Si no existe otra autoridad espiritual, aparte de Las Escrituras, entonces no debe haber ningún grupo de hombres que sirvan como autoridad espiritual para la iglesia. La iglesia se debe, necesariamente, a La Palabra de Dios.

También nos queda claro Bíblicamente que las iglesias locales arreglaban sus propios problemas. El principio del gobierno congregacional de la iglesia se ve cuando la iglesia de Jerusalén eligió a sus diáconos, en el capítulo seis de Hechos. La Biblia es la autoridad espiritual para la iglesia. Y no corresponde a la congregación de la iglesia el decidir si se obedece o no la Biblia.

Cada iglesia tiene la obligación de escoger a sus líderes y a las mejores estrategias para llevar a cabo los mandamientos de Las Escrituras. La responsabilidad del pastor es el supervisar (Significado original de la palabra "obispo") y llevar a cabo los mandamientos de Dios. La Biblia enseña que toda autoridad espiritual se encuentra en Las Escrituras mismas, pero también enseña que la autoridad supervisora sobre el programa de la iglesia está en manos del pastor y es Dios mismo quien le dice que "...cuide de ella..." (1 Pedro 5:2)

En Hebreos, Dios nos ordena *"acordaos de vuestros pastores y sujetaos a ellos."* (Hebreos 13:7). Una vez más nos dice *"obedeced a vuestros pastores, y sujetaos a ellos."* (Hebreos 13:17). Él se refiere a los pastores a quienes debemos obedecer. Pablo nos recuerda, *"Os rogamos, hermanos que reconozcáis a los que trabajan entre vosotros, y os presiden en el Señor, y os amonestan*" (1 Tes. 5:12). Lucas nos recuerda "*Por tanto, mirad por vosotros, y por todo el rebaño en que el Espíritu santo os ha puesto por obispos...*" (Hechos 20:28)

La comunión voluntaria y la cooperación obviamente se practicaban en las iglesias del Nuevo Testamento. Esto es importante si es que el trabajo del Señor ha de llevarse de una manera efectiva. Las Escrituras mencionan dos oficios dentro de la iglesia: El pastor (llamado también obispo y anciano) y el diácono. Los diáconos son servidores especiales cuyo trabajo consiste en servir a la iglesia (Hechos 6 y 1 Timoteo 3:8-13). Las responsabilidades del pastor, sus requisitos y su trato se dan en Hechos 20:28; Efesios 4:11-16; 1 Tesalonicenses 5:12-13; 1 Timoteo 3:1-7; 1 Timoteo 5:17-19; Tito 1:6-9; Hebreos 13:7,16-17 y Gálatas 6:6.

El concepto de una membrecía regenerada es un concepto por el cual muy pocos grupos abogan, aparte de los Bautistas. El libro de los Hechos declara que los que creían y eran bautizados eran añadidos a la iglesia: Hechos 2:41, ver también Hechos 2:47.

En la Biblia, la palabra <*ecclesía*> es la palabra "iglesia" y no fue inventada por Jesús. Era una palabra de uso común en el idioma griego. Una <*ecclesía*> era una asamblea de gente. Se usaba más comúnmente para describir las reuniones de los ciudadanos en las ciudades-estado griegas en las que trataban los asuntos o negocios del pueblo. Había una condición prescrita de membrecía que todos los individuos de la asamblea tenían en común: La ciudadanía en la ciudad-estado. Cristo establece con claridad que Su <*ecclesía*> se edificaría sobre Él mismo como lo dice Mateo 16:18. La condición para la membrecía en la asamblea de Cristo (<*ecclesía*>) es Cristo y el terreno común es la salvación personal.

Mientras que es cierto que unos cuantos pasajes acerca de la iglesia representan un tiempo en gloria cuando todos los santos están reunidos, la mayoría de los pasajes se refieren a asambleas locales y visibles que existen en la tierra durante la Era de la Iglesia. Todos los pasajes acerca de la iglesia se refieren a creyentes reunidos; asamblea, es el significado simple de la palabra <*ecclesía*>.

Una iglesia Neotestamentaria es una asamblea de creyentes bautizados para el propósito de adoración, comunión y para cumplir con la Gran Comisión. El patrón del Nuevo Testamento es que los miembros de la iglesia sean bautizados por inmersión.

Los bautismos que Juan administró, el bautismo de Jesús por Juan, y el bautismo del eunuco etíope por Felipe, todos se efectuaron donde había suficiente agua para la inmersión. No tendría sentido meterse en problemas para encontrar un río o un estanque donde hubiera "mucha agua" para luego derramar un poco de ésta sobre la cabeza del que está siendo bautizado. Esto se puede hacer fácilmente con una vasija de agua como lo prueban algunas iglesias no Bautistas. En todos los bautismos arriba mencionados, cada persona expresó voluntariamente su fe en la muerte, sepultura y resurrección del Mesías. Todos, excepto Jesús, dieron testimonio de su conversión personal.

La Biblia enseña que el bautismo es un cuadro representativo de la muerte, sepultura y resurrección de Cristo. (Ver Romanos 6:1-6 y Colosenses 2:12). Nadie sepulta a alguno rociándole la cabeza con un poco de tierra. La persona se sepulta cubriendo totalmente su cuerpo. Eso mismo es verdad con el bautismo.

La palabra griega para bautismo, es <baptizo,> la cual era una palabra de uso común en ese idioma. Significaba "meter o sumergir." Siempre se refería a cubrir con agua.

En ninguna parte de Las Escrituras se menciona o se implica el bautismo de infantes. Es imposible que los infantes expresen voluntariamente su fe en la muerte, sepultura y resurrección de Cristo. Es imposible que los niños pequeños den testimonio de una conversión que no ha sucedido. El rociamiento, la aspersión y el bautismo infantil le quitan al bautismo su propósito Bíblico, el cual representa la fe en la muerte, sepultura y resurrección de Cristo, y es el testimonio de una conversión personal.

Las Escrituras enseñan que la cena del Señor es un memorial de la muerte de Cristo (el pan partido y la sangre derramada) y de su segunda venida como lo narra 1 Corintios 11:23-34. Este servicio memorial en ninguna manera imparte salvación sino representa lo que hace posible la salvación.

El sacerdocio del creyente es una doctrina que enseña que todo creyente puede ir delante del Señor libremente como su propio representante. Se nos invita, como hermanos en Cristo, a entrar al "lugar santísimo por la sangre de Cristo" (Hebreos 10:19). Se nos dice que somos "sacerdocio santo" en 1 Pedro 2:5, y que podemos "Acercarnos confiadamente al trono de la gracia" (Hebreos 4:16).

La mayoría de las religiones tienen sacerdotes especialmente asignados quienes supuestamente son los representantes de la gente ante Dios. Esto era cierto en el Israel del Antiguo Testamento; sin embargo, en la Era de la Iglesia y con el Espíritu Santo morando en el creyente cada uno se convierte en su propio sacerdote. Los Bautistas han sido líderes en abanderar la gloriosa verdad del sacerdocio del creyente.

El concepto de la libertad del alma es una verdad relacionada a esta doctrina. Este concepto también está implicado en la autoridad única de Las Escrituras. Libertad del alma significa que somos responsables sólo ante Dios (como se expresa a través de Su Palabra) en cuanto a nuestra doctrina, práctica y consciencia. Cada individuo puede interpretar la Biblia por sí mismo. El verdadero servicio al Señor debe ser voluntario. Esta doctrina no justifica el vivir sin ley, la mundanalidad o el libertinaje. Debemos dar respuesta a Dios por nuestra obediencia a Su Palabra. Debemos interpretar Su Palabra correctamente.

Esta doctrina significa que somos libres de las tradiciones de los hombres, de las opiniones personales, de los juicios de los demás y de la coerción del estado o autoridades religiosas. Los hombres pueden requerir legítimamente sus propias guías para involucrarse en ciertos programas como la membrecía individual en la iglesia, normas de liderazgo, asistencia a la escuela, etc. Estos requisitos tienen que ver con relaciones personales entre la gente y las organizaciones. Nadie puede interponer sus ideas personales a la relación entre el hombre y Dios.

"Pero la unción que vosotros habéis recibido de Él permanece en vosotros, y no tenéis necesidad de que alguien os enseñe..." (1 Juan 2:27). Mayor prueba la encontramos en Romanos 14:5, *"... Cada uno esté plenamente seguro en su propia mente."*

CAPÍTULO 3

¿FUE BAUTISTA LA IGLESIA NEOTESTAMENTARIA?

"Y yendo por el camino, llegaron a cierta agua; y dijo el eunuco: He aquí agua, ¿qué impide que yo sea bautizado? Y Felipe dijo: Si crees de todo corazón, bien puedes. Y él respondiendo, dijo: Creo que Jesucristo es el Hijo de Dios." (Hechos 8:36-37)

En el siglo XVII en Holanda, William de Orange (el Rey Holandés), contrató a dos eruditos para que hicieran un estudio sobre las Iglesias de Holanda. Sus ideas de la separación de la iglesia y el estado y la libertad religiosa han permitido que muchas clases de iglesias operen libremente en Holanda. La tarea que dio a los eruditos fue la de estudiar a cada una de las iglesias de Holanda y hacer una comparación entre estas iglesias y las del Nuevo Testamento y así determinar cuál iglesia era la más parecida a la iglesia del Nuevo Testamento. Los dos eruditos recibieron instrucciones de ser totalmente imparciales en su investigación.

William se identificaba con la Iglesia Reformada, aunque no estaba de acuerdo con la idea de una iglesia del estado. Naturalmente esperaba que este estudio pudiera demostrar que la Iglesia Reformada era la más cercana a la Iglesia Neotestamentaria. Se preparó para publicar el estudio y hacer que fuera distribuido por toda Holanda. Se sorprendió mucho cuando el estudio reveló que las iglesias Bautistas de Holanda resultaron ser ¡las más parecidas a las del Nuevo Testamento! Para su propio crédito, de todos modos hizo distribuir los resultados en todo el país.

Obviamente, es de mucha importancia determinar si las iglesias primitivas, como se presentan en Las Escrituras, se adherían a los mismos principios que los Bautistas predican. Veremos cada uno de esos Distintivos desde la perspectiva de las Iglesias del Nuevo Testamento.

El Fiel Testigo Bautista

La Biblia es la única autoridad de fe y práctica

Pablo escribió varias epístolas a muchas de las iglesias primitivas. Él, más que nadie, ayudó a establecer iglesias a través del Medio Este y las islas de Grecia.

Pablo, consistentemente llamaba a las iglesias a ser obedientes a Las Escrituras del Antiguo Testamento, y a mirarlas en su perspectiva correcta y en la revelación que vino a través de él y los otros Apóstoles. Él nunca solicitó a la autoridad de los líderes religiosos, la jerarquía eclesial, una denominación o al estado para resolver asuntos Bíblicos. Veremos varios ejemplos.

Pablo y Pedro en Antioquía

Indudablemente que Pedro fue un gran líder de la iglesia primitiva, pero también era humano y capaz de cometer errores. Cuando Pedro, para impresionar a representantes de Santiago (que al parecer era el pastor de la iglesia de Jerusalén) parece violar la verdad del Evangelio, Pablo públicamente expresa su desacuerdo con él como lo dice en Gálatas 2:14:

"Mas cuando vi que no andaban rectamente conforme a la verdad del evangelio, dije a Pedro delante de todos: Si tú, siendo judío, vives como los gentiles y no como judío, ¿por qué obligas a los gentiles a judaizar?"

Sin importar la posición que como líderes religiosos tenían Pedro y Santiago, Pablo declaró que Pedro y Santiago debían ceder ante Las Escrituras, no Las Escrituras ante ellos. Para Pablo la verdad de Las Escrituras era más importante.

El concilio de Hechos 15

La iglesia primitiva tuvo una gran controversia en cuanto a

la relación entre el Evangelio y la ley. Los apóstoles, ancianos, misioneros y los Fariseos creyentes de todas partes se habían reunido en Jerusalén. Había mucha "discusión" al presentarse nuevas ideas. El asunto no se aclaró por el voto mayoritario de los líderes religiosos, sino por una apelación al testimonio de los Apóstoles (la base para Las Escrituras del Nuevo Testamento) y Las Escrituras del Antiguo Testamento. (Ver Hechos 15:13-21)

Pablo aclara que a él no le impresionaba la importancia o liderazgo de los presentes en esta conferencia:

"Pero de aquellos que parecían ser algo (lo que hayan sido no me importa: Dios no hace acepción de personas); a mí, pues, los que parecían ser algo, nada me comunicaron." (Gálatas 2:6).

A Pablo solamente le impresionaban las verdades que con claridad estaban reveladas en Las Escrituras.

Pablo y las tradiciones de los hombres.

Pablo dice que las tradiciones religiosas que los hombres desarrollan (sin importar que tan buenas sean) nunca pueden servir como autoridad espiritual. Las Escrituras enseñan que no tenemos derecho a convertir en tema de juicio personal ningún asunto. La Palabra une a todos los creyentes.

"Pero tú, ¿por qué juzgas a tu hermano? O tú también, ¿por qué menosprecias a tu hermano? Porque todos compareceremos ante el tribunal de Cristo." (Romanos 14:10).

"Por tanto, ya no nos juzguemos los unos a los otros, antes bien, juzgad esto; que nadie ponga tropiezo u ocasión de caer al hermano." (Romanos 14:13).

Este es un buen consejo que continúa en 1Corintios 4:3:

"Yo en muy poco tengo el ser juzgado por vosotros, o por juicio humano; y ni aun yo mismo me juzgo."

A Pablo le preocupaba más el juicio de Dios, que el del hombre. Luego advierte acerca de las tradiciones de los hombres:

"Mirad que nadie os engañe por medio de filosofías y vanas

sutilezas, según las tradiciones de los hombres, conforme a los rudimentos del mundo, y no según Cristo." (Colosenses 2:8).

"Por tanto, nadie os juzgue en comida o en bebida, o respecto a días de fiesta o de luna nueva, o de sábados." (Col 2:16)

Pablo deja muy claro que Las Escrituras no son solamente la autoridad espiritual final y última, sino que son, simplemente la **única** autoridad espiritual. No tenemos ningún derecho para juzgar a nadie por nuestras tradiciones u opiniones personales. El único juez es la enseñanza de Las Escrituras.

Iglesias Independientes Autónomas

En el Nuevo Testamento encontramos que cada iglesia era independiente de toda autoridad y control de otras iglesias.

A pesar de que la iglesia de Corinto no era muy espiritual, Pablo tuvo que insistirles constantemente en que resolvieran sus problemas por sí mismos. No había obispo regional, jerarquía denominacional o una organización de iglesias que corrigiera los conflictos de los corintios. Como iglesia independiente ellos tenían que solucionar sus problemas por sí mismos.

Cuando Pablo quiso reunir dinero para asistir a los santos pobres de la iglesia de Jerusalén, logró que contribuyeran, no demandando de ellos, sino suplicándoles que lo hicieran. Los santos en Jerusalén habían sufrido persecución de parte de las autoridades locales. No había autoridad Bíblica sobre la iglesia local que les ordenara ayudar a los miembros pobres de la iglesia original. Sólo su generosidad, estimulada por Pablo y otros, les hizo dar la cantidad que ellos decidieron.

Aun cuando la iglesia de los gálatas se fue tras la herejía no hubo una autoridad exterior que los detuviera. Pablo les rogó que no abandonaran la verdad del Evangelio que él les había predicado. (Ver Gálatas 1:6-9, 3:1-5). Sin embargo, si ellos decidían irse en pos de la herejía no había nadie con autoridad para detenerlos.

MEMBRECIA REGENERADA EN LA IGLESIA

Cada una de las apelaciones de Pablo, Pedro, Judas, Juan y Santiago a las iglesias locales y a individuos en esas iglesias, se basan en la verdad de que están hablando a Cristianos profesantes. El animarles a crecer, a ser consistentes con el Evangelio y a ser ordenados por el amor Cristiano no tendría ningún significado si se dirigiera a una iglesia que en parte tenía una membrecía compuesta de gente perdida, no salva.

De hecho, todos los escritores de las epístolas del Nuevo Testamento advierten que gente no salva trataría de penetrar en la membrecía y el liderazgo de las iglesias locales (ver Hechos 20:28; 2 Pedro 2:1; 1 Juan 2:22-26; 1 Timoteo 4:1-2; Judas 4 y Santiago 2:18). En muchas iglesias hoy en día, los no salvos ya no tienen que entrar encubiertos; nacen en la membrecía de la iglesia, o se les da la bienvenida con los brazos abiertos. A través de la historia de la iglesia, muchos buenos movimientos Cristianos han sido destruidos por su segunda generación, por no haber atendido a este principio.

BAUTISMO POR INMERSIÓN SÓLO PARA CREYENTES

Está muy claro que se utilizó un volumen de agua para que Felipe pudiera bautizar al eunuco etíope como se narra en Hechos 8:36-38. (Felipe no usó sólo unas gotas de agua de algún recipiente que traía consigo.) También deducimos por la misma pregunta del eunuco y la respuesta de Felipe que el creer en Jesucristo era el pre-requisito para el bautismo.

"Y yendo por el camino, llegaron a cierta agua, y dijo el eunuco: He aquí agua, ¿qué impide que yo sea bautizado? Y Felipe dijo: Si crees de todo corazón, bien puedes. Y él respondiendo, dijo: Creo que Jesucristo es el Hijo de Dios. Y mandó detener el carro, y descendieron ambos al agua, Felipe y el eunuco, y le bautizó" (Hechos 8:36-38).

En todo el Nuevo Testamento no existe un solo registro de bautismo de infantes, o por aspersión o rociamiento; tampoco del bautismo de alguna persona no salva, ¡ninguno!

El Fiel Testigo Bautista

EL BAUTISMO Y LA CENA DEL SEÑOR COMO LAS DOS ORDENANZAS DE LA IGLESIA

En el libro de los Hechos, encontramos varias referencias del bautismo y la Cena del Señor. Estas se ven normales y básicas en la vida de la Iglesia del Nuevo Testamento. Las epístolas de Pablo en varias ocasiones mencionan el bautismo y la Cena del Señor. No hay otra actividad en la iglesia que se compare a éstas, o que se le dé el mismo nivel de importancia.

En 1 Corintios 11:2 Pablo habla y les dice: *"... retenéis las ordenanzas tal como os las entregué."* Hay tres verdades que podemos aprender de este versículo.

- Pablo había mencionado todas las ordenanzas, y el bautismo y la Cena del Señor son las únicas que había dado.
- El bautismo y la Cena del Señor son ordenanzas (puntos de orden), no sacramentos (medios de salvación);
- y debían tener continuidad.

El sacerdocio de todos los creyentes y la libertad del alma

El Nuevo Testamento está lleno de instrucciones para los creyentes acerca de su vida espiritual y personal. Juan escribió las epístolas 1ra y 2da de Juan para tratar con individuos específicos concerniente a su respuesta personal a las cosas espirituales. No hay ni un solo ejemplo, después de la cruz, de alguno que haya sido sacerdote de alguien más.

Cuando el velo del Templo se partió (a la muerte de Cristo), todo creyente se convirtió en su propio representante delante de Dios.

LA SEPARACIÓN DE LA IGLESIA Y EL ESTADO

Es bastante claro en el Libro de los Hechos que la iglesia del Nuevo Testamento fue casi siempre objeto de persecución de parte del estado. Desde la primera persecución de los Apóstoles en

Jerusalén, la lapidación de Esteban, la persecución dirigida por Saulo de Tarso, hasta los frecuentes arrestos de Pablo y finalmente su encarcelamiento en Roma, el libro de Hechos es una historia de incesante persecución.

La Iglesia del Nuevo Testamento decidió obedecer al Señor antes de satisfacer al estado. También es fácil ver que la iglesia no ejercía control sobre el estado.

Si su definición de *BAUTISTA* es que los Bautistas son Cristianos Evangélicos, que sostienen las verdades básicas de la fe cristiana y enseñan y practican los Distintivos Bautistas, entonces es muy acertado decir que la iglesia del Nuevo Testamento era Bautista.

Mirad que nadie os engañe por medio de filosofías y vanas sutilezas, según las tradiciones de los hombres, conforme a los rudimentos del mundo, y no según Cristo. (Colosenses 2:8) RVG

CAPÍTULO 4

¿FUERON BAUTISTAS LAS

IGLESIAS PRIMITIVAS?

"Y que desde la niñez has sabido las Sagradas Escrituras, las cuales te pueden hacer sabio para la salvación por la fe que es en Cristo Jesús. Toda Escritura es dada por inspiración de Dios y es útil para enseñar, para redargüir; para corregir, para instituir en justicia," (2 Timoteo 3:15-16)

Para el año 100 d.C. el Cristianismo ya estaba fuertemente representado en Asia Menor, Siria, Macedonia, Grecia, Roma y Egipto. Para el año 113 d.C. un gobernador romano se quejó ante el Emperador Tarjan de que el Cristianismo estaba afectando la adoración del templo.

Mucho se sabe de las iglesias primitivas por los escritos de los "Padres Apostólicos." Había líderes de iglesias que se asume fueron influenciados fuertemente por los Apóstoles. Estos líderes incluyen a Ignacio de Antioquía, Clemente de Roma, Policarpio, Bernabé y Hermas. Todos estos hombres escribieron entre el año 100 y el 150 d.C. También es importante un documento primitivo llamado *La Enseñanza de los doce Apóstoles.*

Estos escritos dejan en claro que, desde el principio, se desarrollaron muchas ideas diferentes entre los Cristianos. También declaran que los Cristianos primitivos estaban unidos alrededor de las ideas de los fundamentos básicos de la fe Cristiana. Cualquiera que rechazaba aquellas verdades básicas no era considerado como Cristiano.

Varias ideas Bautistas parecen comunes a todos estos escritores primitivos. Las iglesias primitivas eran consideradas como asambleas locales de creyentes bautizados. En aquellas iglesias primitivas la membrecía se obtenía con una profesión de fe, seguida por el bautismo por inmersión. Obviamente, las iglesias estaban separadas del estado y seguido eran perseguidas por los gobiernos locales. Individualmente todos y cada uno de los Cristianos eran reconocidos como sacerdotes y se acercaban a Dios por sí mismos.

Desde el principio mismo, La Cena del Señor parecía ser un asunto de controversia. Algunos de los primeros líderes, como Ignacio, enseñaban que participar de la Cena del Señor era importante para alcanzar la salvación. Otros, como Clemente y Policarpio enseñaban que La Cena del Señor era simplemente un acto de obediencia.

También hubo considerable controversia sobre la sola y única autoridad de Las Escrituras. Las Escrituras recientemente acababan de convertirse en la única autoridad de fe y práctica. Los Apóstoles (y tal vez los asociados con ellos) habían estado recibiendo revelaciones, señales y maravillas aún hasta aproximadamente el año 90 d.C. (Este es un cálculo muy vago.) Varios de los escritores de la iglesia (los Padres Apostólicos) habían visto dones-señales en conexión con el ministerio de los Apóstoles. Policarpio, quien de joven fue ayudante del Apóstol Juan, había visto estos dones-señales muy seguido. Todos los libros del Nuevo Testamento ya habían sido escritos, pero no todos los líderes de las iglesias tenían a su disposición copias de los mismos. Ciertamente es más fácil entender su confusión en ese período, que entender tal confusión en nuestro tiempo.

Es obvio que los términos, *obispo, pastor, anciano y presbítero* eran virtualmente idénticos; todos se referían a líderes espirituales ordenados en la congregación de la iglesia. Es probable que el término *obispo* se refiera solamente al pastor con la responsabilidad final en la iglesia local, pero la idea de un obispo gobernando sobre varias congregaciones en diferentes áreas era algo totalmente desconocida a los Padres Apostólicos de la Iglesia.

Sería mucho atrevimiento, el decir que todos los Padres Apostólicos de la Iglesia eran Bautistas, pero está muy claro que las ideas Bautistas estaban presentes. También está muy claro que ninguno de los Distintivos Bautistas son ideas nuevas, y que todos existían en la iglesia primitiva. Aun cuando no contamos con toda la información, podemos decir que es enteramente posible que algunos de los Padres Apostólicos eran Bautistas. Por ejemplo, Policarpio no escribe acerca de todos los asuntos que nosotros llamamos, Distintivos Bautistas, pero cada tema sobre el que escribe, es obviamente Bautista.

Otra fuente importante de información acerca de la iglesia primitiva son los Apologistas. Estos hombres escribieron explicaciones del cristianismo al mundo pagano. (Explicación es el significado original de la palabra *apología.*) Tales hombres como Justino, el Mártir, Tatiano, Atenágoras y Teófilo, de Antioquía, escribieron durante el segundo siglo para explicar el cristianismo en términos que los paganos pudieran entender. Mientras que la naturaleza de su trabajo no los lleva a comentar sobre todas las áreas que se expresan en los Distintivos Bautistas, siempre se relacionan con el principio Bautista de la separación de la iglesia y el estado, y muy seguido con la única y total autoridad de Las Escrituras.

Los Apologistas tenían la particular y difícil tarea de explicar la separación de la iglesia y el estado a los tiranos que gobernaban en el Imperio Romano. Trataban de comunicar la verdad de que la separación de la iglesia y el estado no significaba que los Cristianos eran gente sin ley o fuera de ella. También tenían que explicar que esta verdad no significaba o demandaba rebelión contra César. Los primeros Apologistas unánimemente estaban de acuerdo en su defensa de la separación de la Iglesia y el Estado. Es obvio que esta era, virtualmente, la posición universal de las Iglesias Cristianas primitivas.

El siguiente grupo importante de escritores es el de los hombres a quienes se les conoce como los "Padres de la Iglesia Primitiva." Ellos escribieron durante fines del Siglo II y principios del III. Este grupo incluye a Irineo (que había sido influenciado por Policarpio), Tertuliano, Cipriano, Clemente de Alejandría y Origen. Ya para entonces, el Cristianismo profesante se iba organizando cada vez más y la independencia de las iglesias locales iba desvaneciéndose. El alcance de ideas que los Cristianos profesantes sostenían se expandía constantemente. Sin embargo, las controversias de estos períodos nos dicen algo acerca de las creencias de las iglesias, previo a este período.

Existía conflicto sobre la idea del bautismo infantil, lo que obviamente muestra que ésta era una idea nueva. Era muy difícil que los que abogaban por el bautismo infantil convencieran a las iglesias de abandonar su posición en cuanto a bautizar solo a creyentes y por inmersión adoptada desde tiempo atrás.

Muchas iglesias individualmente no aceptaban el creciente control que las iglesias de las ciudades prominentes comenzaban a tomar sobre las iglesias rurales. Este fue un factor determinante para los movimientos Montanistas, Donatistas y Novacianos del que hablaremos después. Este factor condujo a que Tertuliano rechazara identificarse con los grupos de iglesias organizadas. Está claro que las iglesias locales acostumbraban ser independientes. Muchas iglesias no estaban dispuestas a ceder su independencia por la "ventaja" de la unión eclesiástica.

La amplia variedad de doctrinas que los Cristianos tenían durante este período prueba que todo individuo tenía la libertad de interpretar Las Escrituras por sí mismo. También está claro que Tertuliano sostenía las convicciones Bautistas, e Irineo parece ser Bautista en cada uno de los Distintivos Bautistas a los que hace referencia. Cipriano, Origen y Clemente definitivamente no eran Bautistas. No había una iglesia-estado que le dictara a la gente lo que debían creer; la jerarquía de la iglesia organizada todavía no era lo suficientemente poderosa para controlar las enseñanzas doctrinales.

Irineo escribió principalmente contra la herejía del gnosticismo. Él fue pastor de una iglesia en la Francia moderna. Fue muy distinto en los fundamentos básicos del Cristianismo. Escribió extensamente de la sola y única autoridad de Las Escrituras. Reconocía claramente a la Biblia como la única fuente de autoridad espiritual y creía que los dones apostólicos ya no existían. Cuando joven, conoció a hombres mayores que él (incluyendo a Policarpio), que habían visto estos dones ejercitados en conexión con el ministerio de los Apóstoles (Juan, por ejemplo). Irineo escribió que era difícil describir los dones apostólicos en su día porque ya no había nadie que personalmente los hubiera atestiguado. Atribuía la ausencia de los mismos al hecho de que Las Escrituras ya se habían escrito en su totalidad. Sus escritos marcaban con claridad la autoridad única de Las Escrituras como doctrina Cristiana básica. Irineo Murió martirizado.

Cipriano, Origen y Alejandro dieron inicio a tradiciones nuevas en el cristianismo profesante. Sus ideas las discutiremos en otro capítulo. Es importante notar que sus ideas no-Bautistas se veían como ideas nuevas y tuvo que pasar mucho tiempo antes de que las iglesias cristianas organizadas las aceptaran. La mayoría de las iglesias independientes jamás las aceptaron. No se recurría a Las Escrituras como la base para estas nuevas enseñanzas, y se suponía que las bases para estas nuevas enseñanzas eran la lógica, la filosofía griega o la práctica común. El hecho de que tales ideas batallaran en lograr aceptación demuestra que los cristianos estaban acostumbrados a depender de la autoridad de La Palabra de Dios.

Desde los inicios de la Cristiandad, había mucho desacuerdo sobre varias doctrinas. Esto se ve inclusive en el Nuevo Testamento. También es evidente y claro que las ideas Bautistas se ven en las mismas etapas primitivas del Cristianismo y de ninguna manera son inventos recientes. Con toda seguridad, muchas de las iglesias y predicadores primitivos fueron Bautistas. Y esa seguridad incluye el hecho de que estos Bautistas primitivos fueron los más consistentes seguidores de los Apóstoles.

El Fiel Testigo Bautista

Yo a la verdad os bautizo en agua para arrepentimiento; mas el que viene tras mí, es más poderoso que yo; cuyo calzado no soy digno de llevar; Él os bautizará con el Espíritu Santo, y con fuego. (Mateo 3:11) RVG

CAPÍTULO 5

HISTORIA DE LA DOCTRINA DEL BAUTISMO

"A la figura de la cual el bautismo que ahora corresponde nos salva (no quitando las inmundicias de la carne, sino como testimonio de una buena conciencia delante de Dios) por la resurrección de Jesucristo," (1 Pedro 3:21).

Alrededor del Tercer Siglo a. C., la idea del bautismo se volvió muy común en muchos grupos religiosos. Se utilizaba como un testimonio público de que se abandonaba a un grupo religioso para identificarse con otro. Esto se convirtió en una práctica común para los Gentiles quienes querían abandonar sus religiones paganas e identificarse con los judíos. De acuerdo con todos los datos históricos los gentiles se bautizaban en una ceremonia pública por inmersión. La mayoría de los judíos dejaban de considerar a los bautizados como gentiles y los recibían como judíos.

Después de casi 400 años sin un verdadero profeta, Dios envió a Juan al pueblo judío. Él predicaba abiertamente el arrepentimiento y la fe en el Mesías, y utilizaba el bautismo como señal de sinceridad de esta fe en la vida de cada individuo. Juan se identificó tanto con esta práctica que fue conocido como Juan el Bautista. Obviamente, Juan bautizaba por inmersión porque sólo podía tener bautismos en donde había una gran cantidad de agua, como está escrito en Marcos 1:5, *"Y salía a él toda la provincia de Judea, y los de Jerusalén; y eran todos bautizados por él en el río Jordán, confesando sus pecados."* Otra prueba de esto se encuentra en Juan 3:23 *"Y también Juan bautizaba en Enón, junto a Salim, porque allí había mucha agua; y venían, y eran bautizados."* Note que *"allí había mucha agua."* Si Juan bautizaba por rociamiento, no hubiera necesitado mucha agua.

El bautismo ya había sido utilizado como una identificación con la verdad religiosa y un tipo de conversión al mundo religioso. La forma de bautismo por inmersión-sumergir a alguien en agua y sacarlo otra vez presenta un cuadro hermoso de la muerte, sepultura y resurrección del Mesías prometido. Esto es importante si se considera el bautismo de Cristo. Él no necesitaba bautizarse como una señal de conversión. Él fue sin pecado y el Salvador. Con Su bautismo, se identificó a Sí mismo con la verdad que Juan predicaba. Y representó su propia muerte, sepultura y resurrección. No cabe ninguna duda que Juan bautizó a Jesús por inmersión.

"Y aconteció en aquellos días, que Jesús vino de Nazaret de Galilea, y fue bautizado por Juan en el Jordán. Y luego, subiendo del agua, vio abrirse los cielos, y al Espíritu como paloma que descendía sobre Él. Y vino una voz del cielo que decía: Tú eres mi Hijo amado, en ti tengo contentamiento." (Marcos 1:9-11)

Note que dice *"subiendo del agua."* ¡Nunca tuvo lugar el rociamiento!

El bautismo de los nuevos convertidos es un mandamiento de Cristo claramente expresado en La Gran Comisión de Mateo 28:19. *"Por tanto, id, y enseñad a todas las naciones, bautizándoles en el nombre del Padre, y del Hijo, y del Espíritu Santo;"* Esta era claramente la práctica de las iglesias del Nuevo Testamento como se ve en Hechos 2:41 *"Así que, los que con gozo recibieron su palabra, fueron bautizados; y aquel día fueron añadidas a ellos como tres mil almas."* Note también los bautismos de las conversiones de Lidia (Hechos 16:15), el carcelero de Filipos (Hechos 16:32), y de Estéfanas (1 Corintios 1:16).

Fue sencillo para la iglesia primitiva mantener clara la forma del bautismo por inmersión. En ese tiempo el idioma griego era comúnmente leído y escrito, y les fue muy fácil recordar que el verdadero bautismo era por inmersión. El verbo griego <baptizo> y los sujetos <baptisma y baptismos> eran palabras comunes en el lenguaje griego. Estas palabras tenían muchos usos aparte de la referencia a la ceremonia religiosa del bautismo. Siempre significaban "sumergir, o cubrir con agua." Debido a la familiaridad con el lenguaje griego, por cientos de años no hubo ninguna controversia en cuanto a la forma del bautismo, con la excepción del bautismo clínico. Por más de mil años la forma común de bautismo fue por inmersión, inclusive cuando se bautizaba a niños. Hasta el Siglo XVI, personajes famosos e históricos como Enrique

VIII y Elizabeth I fueron bautizados por inmersión cuando eran niños.

El bautismo clínico tenía el concepto de rociar a aquellos que estaban físicamente discapacitados o inválidos. La justificación para el bautismo clínico fue que la inmersión era difícil para muchos individuos que eran inválidos o discapacitados, entonces Dios aceptaría el rociamiento como lo mejor que se podía hacer en estos casos. Esta práctica comenzó en los inicios del Siglo II d.C. Esta excepción se volvió extremadamente importante después de que cesó la familiaridad con el lenguaje griego. Muchos que no entendían el significado de la palabra <baptizo> supusieron que cualquier identificación con Cristo, que tuviera agua, era el bautismo Bíblico.

Desafortunadamente a las iglesias primitivas no les fue tan fácil conservar con claridad la doctrina y la forma del bautismo. A los inicios del Siglo III, un líder de la iglesia llamado Cipriano, el obispo de Carthage, enseñó que el bautismo, la Cena del Señor y una identificación con la iglesia eran necesarios para la conversión. Este es el primer ejemplo de enseñanza de la regeneración por medio del bautismo. Mientras que Cipriano no usó esta enseñanza para justificar el bautismo de niños, otros pronto lo hicieron. Aparentemente algunos ya habían asimilado la idea del bautismo de niños porque Tertuliano, en el Siglo III, enseñó estrictamente en contra de la idea de Cipriano.

Cuando el Emperador Constantino (en el Siglo IV) comenzó a unir la iglesia y el estado, el bautismo tomó un nuevo significado para mucha gente. El bautismo era ahora como una señal de lealtad al estado, y era asociado con la ciudadanía. Cuando Justiniano, en el año 550 d.C., ordenó que todos los no Cristianos en el Imperio Romano se convirtieran al Cristianismo, mandó que todos fueran bautizados, incluyendo a los niños. Después, en el Siglo IX, cuando Carlomagno ordenó a todas las tribus alemanas a convertirse al Cristianismo, él los obligó a ser bautizados, incluyendo a los niños. El rechazo a la práctica del bautismo de niños era una señal de resistencia política.

Muchos individuos y grupos se resistieron a la unión de la iglesia y el estado y al concepto del bautismo de niños. A veces los líderes locales toleraban a los no conformistas, pero muy seguido estos separatistas eran acerbamente perseguidos. Es imposible calcular cuántos millones fueron muertos por rechazar el ir de acuerdo con las ideas del bautismo infantil y la unión de la iglesia y el estado. Estudiaremos muchos de estos grupos e individuos.

El bautismo infantil por inmersión como una señal de la membresía a la iglesia y ciudadanía se volvió la enseñanza común acerca del bautismo. Tan pronto como la organización y el sistema Católico Romano cobró fuerza, la idea de que el bautismo era parte de la salvación se volvió muy común. Era por el rechazo de estas doctrinas que los no conformes a la Iglesia Católica Romana eran identificados.

Las dificultades para bautizar por inmersión a los niños, gradualmente, fueron llevando a los líderes Católicos Romanos a adoptar el bautismo por rociamiento. Esto no fue común hasta el Siglo XII, y no era aceptado en muchos países sino hasta el Siglo XVII.

Los reformadores Protestantes trajeron una nueva discusión al mundo religioso acerca del bautismo. Los Protestantes rechazaron a quienes enseñaban estas ideas Bautistas (a veces hasta los mataban). Estos Protestantes al menos enseñaban la gloriosa verdad de la salvación por fe. Esta enseñanza era incompatible con la doctrina Católica Romana del bautismo.

Muchos Reformistas finalmente llegaron a la conclusión de que el bautismo infantil, usualmente por rociamiento, era bueno y constituía la membresía a la iglesia (y a veces la ciudadanía), pero no era parte de la conversión personal. Ellos bautizaban por rociamiento incluso a personas adultas. Muchos creían que el rociamiento era equivalente al rito de la circuncisión del Antiguo Testamento (lo que daba la ciudadanía de Israel en el Antiguo Testamento).

Por más de trecientos años hubo tres enseñanzas principales acerca del bautismo:

- La enseñanza Católica Romana de rociar a los niños como parte de su salvación y para membresía de la iglesia
- La enseñanza Protestante del bautismo (usualmente por

rociamiento) a los niños para la membresía; y

- La enseñanza Bautista del bautismo por inmersión a los creyentes solamente.

En el Siglo XVII la Iglesia de Inglaterra se propuso que había de eliminar la práctica del bautismo por inmersión. El gobierno mandó imprimir nuevos léxicos griegos (diccionarios del uso de las palabras entre dos naciones) en los cuales se establecía que *<baptizo>* significaba "rociamiento." De todas maneras, había en Inglaterra muchos estudiantes del idioma griego que conocían el significado de la palabra *<baptizo,>* y los diccionarios nuevos fueron ridiculizados y retirados del uso público.

A mediados del Siglo XIX, una nueva corriente de enseñanza se volvió muy popular. Esta enseñanza fue conocida como Cambelismo. Un Bautista llamado Alexánder Cambell, especialmente activo en Kentucky y Tennesse, empezó a enseñar que el acto del bautismo era parte de expresar la fe. Él enseñaba que una persona no había expresado su fe o se había convertido hasta que era bautizado por inmersión en una iglesia que enseñara esta doctrina. Esta añadidura al Evangelio fue rechazada por la mayoría de los Bautistas. Pronto los Cambelistas formaron un movimiento separado llamándose a sí mismos "Discípulos de Cristo" o "Iglesia de Cristo". Esto dio lugar a una cuarta forma de enseñanza acerca del bautismo.

El bautismo por inmersión como un testimonio de la fe en Cristo para salvación, debe ser más que sólo una doctrina en un libro. Debe ser una experiencia hermosa en la vida cristiana de cada persona.

Si usted no ha nacido otra vez, debe confesar que es pecador, y poner su fe en la muerte, sepultura y resurrección de Cristo, como pago por su pecado.

Si ya es salvo, pero todavía no se ha bautizado, debe hacerlo lo más pronto posible. El bautismo es el primer paso de obediencia para los Cristianos y le da al Cristiano una buena conciencia ante el Señor.

Estudia con diligencia para presentarte a Dios aprobado, como obrero que no tiene de qué avergonzarse, que traza bien la palabra de verdad. (2 Timoteo 2:15) RVG

CAPÍTULO 6

UNA COMPARACIÓN DE LOS BAUTISTAS CON OTRAS DENOMINACIONES, CULTOS Y MOVIMIENTOS

"Pero tú habla lo que armoniza con la sana doctrina:" (Tito 2:1)

"para que ya no seamos niños fluctuantes, llevados por doquiera de todo viento de doctrina, por estratagema de hombres que para engañar emplean con astucia las artimañas del error. Antes hablando la verdad en amor, crezcamos en todas las cosas, en Aquél que es la cabeza, en Cristo;" (Efesios 4:14-15).

El propósito de este estudio no es el de criticar, pero sí, el de discernir con claridad en qué, los diferentes grupos religiosos, movimientos y denominaciones, basan sus ideas con respecto a lo que nosotros hemos estudiado como los Distintivos Bautistas. Algunos de los grupos que examinaremos son movimientos centrados en ideas o doctrinas que afectan a numerosas denominaciones. Unas de ellas son denominaciones Cristianas establecidas por ya mucho tiempo, mientras que otras son grupos más recientes, menos establecidos, que reclaman ser los únicos y verdaderos representantes de la Cristiandad.

El Modernismo

El modernismo es un movimiento que niega la Inspiración Plenaria de Las Escrituras, y por consiguiente, niega cualquier papel de autoridad espiritual de la Biblia. El modernismo normalmente niega la Deidad de Cristo, la salvación personal y las verdades cristianas básicas. Ellos ocasionalmente se adhieren a algunos de los Distintivos Bautistas, pero sólo porque reconocen la lógica de tal posición, no necesariamente porque sea una enseñanza Bíblica. Desafortunadamente el modernismo ha entrado en muchos movimientos religiosos y se enseña bajo muchos nombres. Incluso existen muchas iglesias modernistas que utilizan el nombre de *Bautista* aun cuando niegan todos los puntos básicos de la doctrina y la historia Bautista.

El Catolicismo Romano

El Catolicismo Romano es la denominación más grande en el mundo que utiliza el nombre Cristiano. Los Católicos Romanos reclaman una cadena inquebrantable de sucesión de la iglesia, que los lleva hasta el Apóstol Pedro a quien promueven como el primer Papa. En realidad, la estructura Católica Romana moderna sólo puede ser rastreada hasta el Siglo V (y esto extendiéndonos un poco). El Catolicismo Romano es, en muchas formas, lo contrario a la fe Bautista.

- El Catolicismo Romano niega la salvación por fe, e insiste a la vez, en la salvación por obras y penitencias.
- El Catolicismo Romano presenta la tradición de la iglesia, la autoridad del Papa y los concilios eclesiásticos como autoridades espirituales e iguales a Las Escrituras.
- Las iglesias Católico Romanas de ninguna manera son independientes, sino están bajo el control de un sistema eclesiástico mundial.
- Dado que el Catolicismo Romano no se adhiere a la creencia de la salvación personal por fe, carece del concepto de una membresía regenerada. Una persona se convierte en miembro de una Iglesia Católico Romana ya sea por haber nacido en ella o por expresar su lealtad a la misma.
- Los Católicos Romanos enseñan el bautismo por rociamiento para todos los infantes nacidos Católicos. La mayoría de los Católicos piensan que este bautismo es esencial para la salvación.
- El Catolicismo Romano enseña que existen otras seis

ordenanzas (incluyendo la comunión) y que todas ellas son necesarias para la salvación. Debido a que creen que estas actividades influencian la salvación, los Católicos los llaman "sacramentos" en lugar de ordenanzas.

- El Catolicismo Romano enseña que pueden ser considerados sacerdotes solamente aquellos que han sido ordenados por la iglesia y los demás feligreses deben acercarse al Señor sólo a través de tales sacerdotes.

- El Catolicismo Romano, no enseña la libertad del alma, en lugar de esto enseña que sólo la iglesia puede interpretar Las Escrituras. En el pasado (aún hoy, en algunos lugares del mundo) el Catolicismo Romano se ha opuesto a la idea de que individuos Católicos posean una Biblia.

- A través de la historia, el Catolicismo Romano se ha mantenido como el principal oponente a la separación de la iglesia y el estado. La sangrienta historia de la civilización occidental, a partir del Siglo VI hasta el Siglo XVIII, es básicamente la historia de la lucha Católica por el control de los gobiernos. Aún hoy en día, el Catolicismo Romano ejerce una gran influencia sobre muchos gobiernos de diferentes países.

El Presbiterianismo

A este movimiento en algunas ocasiones se le conoce como "Calvinismo" o el movimiento "Reformado." Muchas de las iglesias que llevan el nombre de Presbiterianas han sido influenciadas por los modernistas; de cualquier forma, existe una minoría substancial que aún se mantiene con los dogmas básicos del Presbiterianismo histórico. Las iglesias Presbiterianas originales enseñaban los mismos principios fundamentales de la fe Cristiana, al igual que los Bautistas. Existen muchos ejemplos de Presbiterianos y Bautistas históricos, que trabajaron juntos para compartir el evangelio con el mundo (especialmente en los Estados Unidos de América). Sin embargo, los Presbiterianos históricos han dado un enfoque diferente a la mayoría de las verdades expresadas como los Distintivos Bautistas.

- Los Presbiterianos históricos enseñan que la Biblia es la autoridad *final* para la fe y práctica, pero además hacen gran énfasis en el papel de la iglesia al interpretar La Palabra de Dios.

- Históricamente, las iglesias Presbiterianas se encuentran bajo el control de una jerarquía denominacional. Pero en años recientes, dentro de los Estados Unidos, muchas iglesias Presbiterianas se han convertido en congregaciones independientes.

- La mayoría de las iglesias Presbiterianas aceptan la idea de que los niños nacidos en la iglesia son miembros de la misma. Su fuerte creencia en la teología del pacto (predestinación), los convence de que aquellos niños están predestinados a la salvación. En la realidad, esto hace que adultos inconversos influencien la iglesia de la cual ellos son miembros por nacimiento natural.

- La mayoría de los Presbiterianos aceptan la inmersión, el rociamiento, o aspersión como métodos equivalentes y aceptables del bautismo. Algunos grupos Presbiterianos sólo aceptan uno de estos métodos, usualmente el del rociamiento.

- Los Presbiterianos usualmente aceptan el bautismo y la cena del Señor como las únicas dos ordenanzas.

- En teoría, los Presbiterianos aceptan el sacerdocio de todos los creyentes y el concepto de la libertad del alma. Sin embargo en la práctica, su gran énfasis en decisiones hechas por el presbiterio (grupos locales de pastores) dificulta el vivir por estas verdades.

- Los Presbiterianos históricos han enseñado vigorosamente la idea de un estado dominado por la iglesia. En las primeras décadas del movimiento Presbiteriano (Siglo XVI y XVII), esto causó la persecución y oposición violenta en contra de los Bautistas. En la más reciente historia de América, muchos Presbiterianos creyentes en la Biblia han enseñado una forma más moderada de unión entre la iglesia y el estado, y muchos que han experimentado el nuevo nacimiento, se han formado en iglesias creyentes de la Biblia, e incluso han formado sus propias denominaciones presbiterianas fundamentalistas.

El Metodismo

El Metodismo fue fundado en Inglaterra como resultado de la predicación de avivamiento de John Wesley en los años 1700's. Wesley fue usado por Dios para llamar a mucha gente a respetar Las Escrituras y al concepto de la salvación personal. Los Metodistas y Bautistas creyentes en la Biblia muchas veces trabajaron juntos para llevar el evangelio a un mundo necesitado.

El Metodismo se estableció con los fundamentos básicos de la fe Evangélica Cristiana y la unión de un sistema eclesiástico. Las Iglesias Metodistas y sus individuos decidieron muchas cosas por sí solos. La mayoría de ellos aceptaron la Biblia como **la** autoridad final para la fe y práctica. (No la pudieron aceptar como **la única** autoridad porque también tenían la autoridad de su sistema eclesiástico.)

Las iglesias Metodistas siempre han aceptado más independencia que la mayoría de las iglesias en un sistema denominacional, pero la autoridad final de la iglesia la sostiene la denominación. Muchas de las iglesias Metodistas bautizan a los niños y los aceptan como miembros de la iglesia. La mayoría de sus iglesias aceptan la inmersión, el rociamiento y aspersión dejando esto a la decisión del individuo. Algunos Metodistas han sido conocidos por practicar solamente el bautismo de los creyentes, y por inmersión. Los Metodistas Históricos usualmente sostienen sólo dos ordenanzas en la iglesia: El Bautismo y la Cena del Señor.

Los Metodistas, históricamente han creído en la libertad del alma, el sacerdocio de todos los creyentes y la separación de la iglesia y el estado.

Hoy, muchas de las iglesias Metodistas son dominadas por los modernistas. Algunos de los grupos más evangélicos dentro de la tradición histórica Metodista son los Metodistas Libres, los de Wesley, los Metodistas Bíblicos, Nazarenos y los de la Santidad del Peregrino. Muchos de los Metodistas se sostienen dentro de la doctrina Arminiana (la doctrina que cree que se puede perder la salvación).

El Pentecostalismo

También conocido como el movimiento carismático o de lenguas. Durante el Siglo XX el Pentecostalismo ha sido una fuerza importante en la Cristiandad Evangélica. Los Pentecostales creen que todavía se manifiestan los dones apostólicos. Hoy en día los Pentecostales están en desacuerdo en varios puntos (incluyendo los que llamamos Distintivos Bautistas). Ningún grupo Pentecostés puede sostener la idea de la autoridad única de Las Escrituras para la fe y práctica porque creen que todavía reciben revelaciones sobrenaturales de parte de Dios. Encontrará Pentecostales que están de acuerdo con algunos de los Distintivos Bautistas, así como también encontrará aquellos que están en desacuerdo. La denominación Asambleas de Dios, por ejemplo, sostienen que la membresía de la iglesia debe de ser regenerada. Creen en el Bautismo sólo de creyentes y por inmersión y la Cena del Señor como las únicas dos ordenanzas. También creen en el sacerdocio de todos los creyentes, la libertad del alma y la separación de la iglesia y el estado. Agregan límites a la independencia de la iglesia local, y creen en la revelación adicional.

Los Grupos Protestantes Tradicionalistas.

Grupos como los *Luteranos, Episcopales y Anglicanos* salieron como resultado de la Reforma en Europa. Todos ellos tienen la influencia de la verdad evangélica en su trasfondo. De cualquier forma, históricamente, su énfasis en la tradición de la iglesia les ha evitado estar de acuerdo con cualquiera de los Distintivos Bautistas. La estructura denominacional de la iglesia, bautismo de infantes por rociamiento, unión de la iglesia y el estado y el concepto de un discipulado restringido (clerecía), son comunes entre estos grupos. Los tres se encuentran fuertemente influenciados por el modernismo y son teológicamente corruptos.

El Fiel Testigo Bautista

Las Sectas Pseudo-Cristianas

Se han originado muchos grupos en América que reclaman ser la única expresión verdadera del Cristianismo. Algunos ejemplos incluyen a Los Mormones, Los Testigos de Jehová, Los Adventistas del Séptimo Día, El Camino, La Unificación (Moonies), La Ciencia Cristiana y La Unidad. Todos estos grupos niegan la verdadera Deidad y el Mesianismo de Jesucristo, la salvación por fe en su muerte, sepultura y resurrección. Consecuentemente, no existe ningún punto de referencia entre estos grupos y los Bautistas históricos ¡ninguno!

Debido a que estos movimientos utilizan la Biblia, ocasionalmente enseñan alguna de las verdades en las que los Bautistas enfatizan. Por ejemplo: Los Mormones bautizan por inmersión y creen en el sacerdocio de todos los creyentes; y los Testigos de Jehová practican la separación de la iglesia y el estado. De Cualquier forma, nunca ha existido ninguna base para la relación o reconocimiento mutuo entre estos grupos y Los Bautistas, porque ellos toman enfoques totalmente distintos hacia la verdad Cristiana.

sabiendo que la prueba de vuestra fe produce paciencia. (Santiago 1:3) RVG

CAPÍTULO 7

LA PERSECUCIÓN DE LA IGLESIA PRIMITIVA

"Y convinieron con él; y llamando a los apóstoles, después de azotarlos, les intimaron que no hablasen en el nombre de Jesús, y los dejaron libres. Y ellos partieron de la presencia del concilio, gozosos de haber sido tenidos por dignos de padecer afrenta por su Nombre. Y todos los días, en el templo y por las casas, no cesaban de enseñar y predicar a Jesucristo." (Hechos 5:40-42).

Los primeros trecientos años de la historia de la Iglesia, generalmente se conocen como la Era Heroica de la Iglesia. Cristo había advertido a Sus discípulos que serían perseguidos así como Él lo había sido. Esto se ve por todas partes en los primeros trecientos años de la Era Cristiana.

Los líderes del Sanedrín judío iniciaron la primera persecución de los Cristianos. Mataron a Esteban. Herodes mató a Santiago para complacer a los líderes judíos; después encarcelaron a Pedro y a Juan, y amenazaron a la iglesia entera. Bajo un líder llamado Saulo de Tarso, ferozmente persiguieron a toda la iglesia en Jerusalén, golpeando, encarcelando y matando a los miembros de la primera iglesia. Después que Saulo fue salvo, se convirtió en Pablo, el gran líder Misionero; y luego también él fue perseguido por los líderes judíos durante todo su ministerio.

La primera persecución romana oficial sucedió en el año 64 d.C. durante el reinado del Emperador Nerón. La mayor parte de Roma fue devastada por un incendio incontrolable. Mucha gente creyó, con buena razón, que Nerón había ordenado el incendio para destruir a sus opositores políticos. Nerón necesitaba un chivo expiatorio para desviar la atención de sobre sí, y los Cristianos resultaron ser su selección más lógica.

Los cristianos, al mismo tiempo que atraían a miles a sus iglesias, seguían siendo una minoría poco popular en Roma. Nerón culpó a los Cristianos del incendio y desató una cruel persecución en su contra. A muchos Cristianos los crucificaron mientras que a otros los echaron a las fieras salvajes. Aún más, a otros los cubrían de brea y los quemaban en estacas en los jardines que rodeaban el Palacio imperial. En las noches, Nerón caminaba por los jardines que eran iluminados por los cuerpos en llamas de los Cristianos. Según la tradición de la iglesia primitiva, Pablo y Pedro fueron ejecutados durante esta persecución, que se extendió por toda la ciudad de Roma.

Durante los siguientes cien años, no hubo persecución de parte del gobierno imperial; sin embargo, las persecuciones eran algo común en otras regiones, y muchos líderes Cristianos fueron ejecutados, incluyendo a Ignacio, Policarpio, Justino Mártir, Irineo y Cipriano.

El Emperador Marco Aurelio (161-180 d.C.), decretó que la propiedad de los Cristianos se le diera a quienes delataran a éstos ante el gobierno. Por todo el Imperio Romano, los vecinos reportaban a los Cristianos ante el gobierno. A muchos los decapitaban y miles de ellos eran echados a las fieras salvajes para divertir a la multitud de espectadores que concurrían a los anfiteatros romanos, muchas veces quemaban sus cuerpos y lanzaban sus cenizas al aire y a los ríos. De alguna manera, los romanos creían que esto evitaría que resucitaran.

Los romanos daban varias razones para justificar su vil persecución de los Cristianos.

- Primero, no entendían la casi universal concepción de la separación de la iglesia y el estado.

Roma demandaba que todas las religiones tuvieran licencia de parte del estado y que todas las religiones aceptaran al gobierno Romano y a César como la autoridad máxima. Los Cristianos no podían, en buena conciencia, hacer esto. La iglesia y el estado eran instituciones separadas y su única autoridad era la voluntad de Cristo como se expresa en Las Escrituras. Es interesante notar que los principios conocidos ahora como los Distintivos Bautistas, tales como la sola autoridad de Las Escrituras, iglesias autónomas e independientes y la separación de la iglesia y el estado ya eran importantes y muy conocidos por la iglesia primitiva. Aun las Iglesias Evangélicas en el presente debaten la realidad de estas verdades. Si estas verdades no hubieran sido claras e importantes para la iglesia primitiva, no hubieran sido objeto de las persecuciones que padecieron.

- A los Cristianos también se les acusaba de ser ateos.

Mientras esta acusación parece especialmente ridícula, nosotros debemos recordar que los romanos acostumbraban adorar ídolos y a gente que podían ver. No podían ver el objeto de adoración de los Cristianos, así que equivocadamente asumían que los Cristianos no adoraban en lo absoluto.

- A los Cristianos también se les acusaba de canibalismo, Acusación que surgía por un malentendido de la Cena del Señor.

Las mentes viles de los romanos les hacía asumir que "comer y beber" el cuerpo del Señor implicaba canibalismo, practicado en conexión con rituales de sacrificio.

El Emperador Decio (249-251 a.C.) ordenó una amplia persecución contra todos los que no adoraran los dioses romanos y al Emperador. Siete años después, otro Emperador Romano ordenó la muerte de todos los Cristianos. Destruyeron edificios de iglesias, quemaron libros, mataron a miles de Cristianos y muchos huyeron a esconderse. Esos fueron los días famosos en que los Cristianos se escondían en las catacumbas de Roma. Había más de quinientas millas de túneles cavados en la cantera bajo la ciudad de Roma y estos formaban un increíble laberinto. Los túneles originalmente se excavaron para sepulturas, pero aquí, muchos cristianos se escondieron y desarrollaron su propia sociedad. La frase "Cultura Subterránea" se usó primero para describir la existencia de los Cristianos en las catacumbas durante este tiempo.

La peor persecución, sin embargo, todavía estaba por venir. Diocletano dispuso de todos los recursos militares para cazar y destruir a los Cristianos. Se calcula que fueron millones de Cristianos los que murieron en ese entonces. Esa persecución la condenó Galerio, el sucesor de Diocletano, pero eso no devolvió la vida a los muertos inocentes. Durante diez años en el imperio, todo

Cristiano padre de familia tenía que vivir con la preocupación de que él y su familia podían ser arrestados y ejecutados por los militares.

El huir de la persecución hizo que los Cristianos se esparcieran hasta los más lejanos rincones del imperio, y aún más allá. Sin lugar a duda el mensaje del Evangelio se divulgó ampliamente debido a las grandes persecuciones que sobrevinieron sobre las iglesias. Pueblos remotos y tribus en las montañas que de otra manera tal vez nunca hubieran escuchado el Evangelio establecieron contacto con fieles y devotos Cristianos. Solo la eternidad revelará cuántos fueron alcanzados y ganados para Cristo como resultado de las persecuciones.

La entereza de tantos Cristianos para permanecer fieles bajo las varias olas de persecución que enfrentaban tuvo también un impacto sobre la población Romana. Era obvio que esta gente tenía algo sobrenatural que los sostenía. Una fuerza espiritual interna que la demás gente del Imperio Romano no poseía. El número de Cristianos en el imperio siguió creciendo a pesar de las persecuciones masivas. Algunos historiadores creen que el gran número de militares que se convirtieron al Cristianismo fue la mayor razón por la que cesó la persecución de los Cristianos.

La profundidad de la convicción que sostenían las iglesias primitivas debiera enseñarnos algo. Rehusaron permitir que el nivel de su Cristianismo se determinara por lo que sucedía en la sociedad a su alrededor.

Poco antes de morir, Galerio ordenó poner fin a la persecución de los Cristianos y fue sucedido por Constantino quien cumplió sus deseos. Constantino oficialmente adoptó el Cristianismo como la religión del imperio; sin embargo, no existe evidencia de que él haya sido convertido. Empezó a mezclar las enseñanzas del Cristianismo con las ideas de otras religiones que tenían un número significante de seguidores. Constantino fue un político muy astuto ya que ofreció algo para todos.

Los Cristianos ahora encaraban una nueva serie de decisiones. Parecía que habría libertad, se daría fin a la persecución, habría oportunidad ilimitada de predicar y podrían influenciar a la sociedad con los valores Cristianos; las únicas doctrinas que tenían que dejar de inmediato eran la separación de la iglesia y el estado y el concepto de la iglesia independiente. Y al instante se desarrollaron dos diferentes opciones para el Cristianismo:

- Los que aceptaban el concepto de una iglesia gubernamental-mente establecida y
- Los que defendían el mantener la pureza de la Iglesia Neotestamentaria.

Los que aceptaban la iglesia establecida ahora parecían libres de la persecución (aunque el Emperador Julián trató de restablecer el paganismo mediante la fuerza). Las iglesias Independientes (comúnmente llamadas "separatistas," "puristas," o "bautizados") aún tuvieron que enfrentar persecución. La única diferencia era que ahora la persecución venía "en el nombre del Señor." Muchos Cristianos escogieron la aparente seguridad de la iglesia establecida.

Los Cristianos estaban agotados por décadas de violentas persecuciones. Muchos habían perdido familiares cercanos bajo el terror de las persecuciones romanas. Es fácil entender por qué se sintieron tentados a comprometerse. Sin embargo, este error fue trágico. Tan pronto como el gobierno se convirtió en autoridad, la Biblia dejó de ser la única autoridad. Esto abrió la puerta a toda clase de cambios doctrinales. Al pasar de los años, la iglesia establecida adoptó una posición en contra de todos los Distintivos Bautistas.

Mientras Constantino se ocupaba de renovar la religión Cristiana, al menos toleró a los separatistas. Se les cobraba impuestos para el apoyo de la iglesia establecida, pero no se les perseguía con violencia. Sin embargo, muchos de sus sucesores tomaron la misma actitud en contra de toda la fe Cristiana y los independientes, como lo hicieron los emperadores paganos romanos del pasado.

Teodocio el Grande (385-395 d.C.) ordenó que todos los habitantes del Imperio Romano se unieran a la iglesia establecida. Oficialmente él mismo sancionó el creciente sistema de control organizacional sobre las iglesias locales.

El Fiel Testigo Bautista

En el año 385 d.C. muchos predicadores independientes fueron ejecutados por primera vez en la España moderna, en el nombre de la "única y verdadera iglesia." Este fue el primer caso, pero de ningún modo el último.

El Emperador Justiniano, 527 a 565 d.C. fue el primero en ordenar el bautismo de infantes. Ya para entonces, el imperio había perdido el control sobre Europa Occidental pero todavía mantenía el control sobre Grecia, los Balcanes y el Medio Oriente. Habían sucedido muchas persecuciones locales de la gente que tenía creencias Bautistas, pero ahora el bautismo de infantes era una ley imperial. Esto condujo a la sangrienta persecución de los Paulicianos. (Ver el capítulo 10.)

Resulta difícil para nosotros entender lo que nuestros antepasados sufrieron por la fe Cristiana. Hemos sido tan protegidos por nuestros sistemas de gobierno que no apreciamos la libertad religiosa que gozamos. Debiéramos estar muy agradecidos por no tener que padecer lo que tantos de nuestros antepasados padecieron. Esto debiera convertirnos en fieles vigilantes de la causa por la libertad de culto.

CAPÍTULO 8

DESARROLLOS BUENOS Y MALOS

DE LA IGLESIA PRIMITIVA

"Acordaos de la palabra que yo os dije: El siervo no es más que su señor. Si a mí me han perseguido, también a vosotros perseguirán; si han guardado mi palabra, también guardarán la vuestra. Pero todo esto os harán por causa de mi nombre; porque no conocen al que me envió." (Juan 15:20-21)

Tan pronto como las iglesias primitivas encararon el reto de incorporarse al gobierno establecido, tuvieron que hacerle frente a muchas controversias. Los resultados de estas controversias han influenciado al "Cristianismo establecido" desde entonces y hasta el día de hoy. Las decisiones que resultaron de tales controversias aún afectan a los Bautistas y otras iglesias independientes en la actualidad.

Las iglesias organizadas enfrentaron estos retos con diferentes grados de fidelidad a la Palabra de Dios. En ocasiones, tomaron decisiones valientes y sacrificiales a favor de ciertas verdades Bíblicas, pero muchas veces hicieron compromisos doctrinales. La iglesia del estado se volvió una mezclada. Permanecían en la verdad en algunas áreas y comprometían la Doctrina Bíblica en otras. A veces, algunos líderes de iglesias del estado sobresalían por sus intentos de ser fieles a La Palabra de Dios dentro de los confines de la iglesia del Estado. Otros rechazaban totalmente las verdades Bíblicas y abiertamente intentaban sujetar la iglesia a ideas paganas, conceptos políticos o al humanismo. Estaremos viendo algunos de los grandes temas con los que la iglesia primitiva tuvo que tratar.

El Credo de los Apóstoles

El primer credo oficial de la iglesia Cristiana fue conocido como "El credo de los apóstoles" Supuestamente reflejaba la fe de los apóstoles, y la versión más común es la siguiente:

Creo en Dios Padre Todopoderoso y en Jesucristo, Su Único Hijo, Señor nuestro; Que fue concebido por obra y gracia del Espíritu Santo, de la Virgen María; Que fue crucificado bajo Poncio Pilato, muerto y sepultado; Resucitó de los muertos al tercer día; Ascendió al cielo y se sentó a la diestra del Padre; Y un día vendrá a juzgar a los vivos y a los muertos; Creo en el Espíritu Santo; La Santa Iglesia; El perdón de pecados y La Resurrección del cuerpo.

Las iglesias Bautistas independientes estaban de acuerdo Con este credo, pero con una excepción muy importante. La línea "La Santa Iglesia" era interpretada por la mayoría de la gente como referencia al establecimiento de las congregaciones locales en una organización eclesiástica unida al Imperio. Esto, por supuesto, contrastaba directamente con el concepto de iglesias independientes y la separación de la iglesia y el estado.

Ario contra Atanasio: El Concilio de Nicea.

Ario, un predicador de Alejandría, Egipto, se convirtió en el más famoso promotor de la idea de que Cristo no era totalmente Dios sino que era una creación especial de Dios. Un gran grupo lo siguió y fue excomulgado de la iglesia en Alejandría.

El Emperador Constantino no quería que la iglesia recién unida, se viera dividida por una controversia doctrinal, así que mandó llamar a los líderes eclesiásticos a una reunión en Nicea en el año 325 d.C., en la cual se reunieron cerca de trecientos predicadores. ¡Todos sus gastos fueron pagados por el gobierno! Constantino presidió oficialmente esta reunión. La unión de la iglesia y el estado se estaba acercando cada vez más.

El conferencista principal que dio un enfoque Bíblico, acerca de la Deidad de Cristo fue Atanasio. Él peleó fielmente por la doctrina de la Trinidad y otras doctrinas Cristianas básicas. El vocero del compromiso fue Eusebio de Cesarea. Éste quería crear una declaración flexible que permitiera que los seguidores de Atanasio así como los de Ario pudieran permanecer dentro de la iglesia organizada y establecida.

El Credo de Nicea que se promulgó en este Concilio fue una victoria para Atanasio y la doctrina Bíblica.

Sin embargo, esta victoria no duró mucho tiempo. Por sesenta años los seguidores de Ario y Atanasio lucharon por el control de la iglesia. El control político de la organización eclesiástica se volvió más importante que las declaraciones doctrinales de la iglesia establecida. Atanasio fue exiliado cuatro veces (tres veces con relación a esta controversia, y una vez por Julián el Apóstata) antes de que su punto de vista Bíblico se volviera una doctrina de la iglesia establecida.

El Concilio de Constantinopla

En el año 381 d.C. el Concilio de Constantinopla fue convocado para aclarar una controversia similar sobre el Espíritu Santo. Unos enseñaban que el Espíritu Santo era una fuerza impersonal, otros decían que el Espíritu Santo era una creación especial de Dios el Padre. Otros mantenían el punto de vista Bíblico, de la Deidad del Espíritu Santo y la eterna Divinidad de la Trinidad.

Después de muchos debates, controversias y maniobras políticas, este Concilio finalmente tomó una posición clara sobre la Deidad del Espíritu Santo y la Trinidad.

Iglesias Bautistas independientes podían estar de acuerdo con las conclusiones del Concilio de Nicea y Constantinopla, pero, en ninguna manera estaban de acuerdo con el método de establecer una doctrina oficial de la iglesia. Este procedimiento estaba en conflicto con su doctrina de la separación de la iglesia y el estado, la Biblia como la única autoridad, iglesias independientes y el sacerdocio de los creyentes. Irónicamente, después de su derrota en los Concilios Eclesiásticos, muchos herejes abanderaron la causa de la separación de la iglesia y el estado, y comenzaron a formar ¡iglesias independientes!

Resulta muy difícil mantener el registro de las iglesias Bautistas independientes, separado de la historia de las iglesias independientes heréticas.

El Paganismo y La Ceremonia

Con el correr del tiempo, se hizo muy difícil separar las ideas paganas de las tradiciones y ceremonias de la iglesia establecida.

Debido a que muchos paganos se identificaban con la iglesia (bajo Constantino y sus seguidores), éstos traían sus ideas corruptas, tradiciones y ceremonias, y como consecuencia esto trajo una gran confusión. Mientras muchos Concilios Eclesiásticos condenaban oficialmente al paganismo, los Emperadores Romanos introducían a la iglesia más ideas paganas. Especialmente en las ceremonias y rituales oficiales de la iglesia, el paganismo triunfaba sobre la tradición Cristiana.

Esto, por supuesto, simplemente reafirmó en las iglesias Bautistas independientes la necesidad de mantenerse separados del sistema de iglesia denominacional organizado.

Nestorio y el Concilio de Éfeso

En el Siglo V, Nestorio, líder de la iglesia organizada en Constantinopla, comenzó a dedicarse a las ideas que hoy en día llamamos *humanismo*. Hacía una distinción entre Cristo como Dios y Jesús como hombre. Él promovió un acercamiento enfocado en el hombre, para establecer una verdad religiosa. Se convocó un Concilio en Éfeso para debatir sobre esta enseñanza.

Este Concilio condenó claramente ambas ideas, las de la doctrina teológica y la humanística de Nestorio. Este Concilio también rechazó la idea de la salvación por obras y la de la perfectibilidad humana, ambas enseñadas por Pelagio el cual era un monje teólogo.

De nuevo, el acuerdo para estas conclusiones fue realizado por las Iglesias Bautistas Independientes, debido a que estas se encontraban alineadas con la verdad Bíblica. De cualquier forma, las iglesias independientes heréticas usualmente se oponían a éstas.

Agustino

El predicador prominente Agustino, obispo de África del Norte, dejó su marca en la iglesia por este tiempo. El recuento de su conversión del paganismo y su crecimiento como Cristiano, en el libro *Confesiones de Agustino,* es considerado como un clásico Cristiano. Su predicación y enseñanza causaron un impacto muy importante en la iglesia establecida, y sus ideas teológicas siguen influenciando a muchos hoy en día.

Agustino se convirtió probablemente en el Cristiano más influyente que abogó por la unión de la iglesia y el estado. Su libro *La Ciudad de Dios,* promovió la unión de la iglesia y el estado y se convirtió en uno de los libros más influyentes en la historia del mundo. Así como el control gubernamental del Imperio Romano se desmoronó, los habitantes de la parte occidental del Imperio tuvieron una gran oportunidad de retomar la libertad religiosa y separar la iglesia del estado. De cualquier manera, el libro de Agustino y su enseñanza influenció a muchos para ver a la iglesia como la nueva fuente de gobierno en el Oriente. ¡La iglesia dominada por el Estado sería remplazada por los Estados dominados por la iglesia!

Agustino se opuso vigorosamente a las iglesias independientes. A finales de su vida, él abogó por los métodos de tortura y muerte para corregir a los independientes. Ahora él es un héroe para muchos Protestantes, pero no se dice que no era un héroe para los Bautistas de su tiempo. Él también enseñó ideas doctrinales sobre la elección, predestinación, expiación limitada y la gracia irresistible que después fueron asociadas con Juan Calvino (John Calvin).

Agustino enseñó que cualquiera que rechazara el bautismo de infantes era ¡un infiel o pagano! Él creía que los decretos eternos de Dios eran modificados cuando el sacerdote Católico rociaba al bebé, y que ¡el bautismo quitaba el pecado original! Los bebes sin bautizar eran odiados, de acuerdo con Agustino. Esto es, por supuesto, una burda herejía.

Monatismo

Los monasterios se volvieron una parte muy importante de la iglesia establecida. Los predicadores (ahora conocidos como sacerdotes) comenzaron a organizar comunidades formales y se separaron de las actividades cotidianas y de la vida social. Algunas veces estos grupos se dedicaban al trabajo social, otras veces a estudiar. Los monasterios fueron un buen comienzo para la idea de tener predicadores solteros (sacerdotes). Lo mejor y lo peor del sistema eclesiástico establecido se puede encontrar en los estudios hechos en monasterios. Los Bautistas independientes rechazaron el movimiento de los monasterios porque temían, con justa razón, que llevaría a una categoría separada de líderes religiosos reconocidos como sacerdotes. Esto negaba el sacerdocio de todos los creyentes. Bajo este sistema, los hombres empezaron a buscar más y más a otros hombres para que los representaran ante Dios. Bajo esta propuesta, la importantísima doctrina de la salvación personal decayó y fue reemplazada por la enseñanza de la salvación a través de la iglesia.

La Organización Eclesiástica.

La organización entre iglesias locales empezó antes de la unión de la iglesia y el estado bajo el imperio de Constantino. El concepto de obispo (pastor principal) fue corrompido con el concepto de líder sobre muchas iglesias en un área geográfica. Esta propuesta fue una forma de unir, gradualmente, a todas las iglesias (dentro del sistema Iglesia-Estado) dentro de la organización eclesiástica.

El Fiel Testigo Bautista

Cuando Constantino dio la influencia del Imperio Romano a este sistema, éste rápidamente se volvió dominante y la estructura organizacional del sistema eclesiástico aglutinó rápidamente a todas las regiones del Imperio Romano. El Emperador se convirtió en la cabeza del sistema eclesiástico, y como era también la cabeza de la religión pagana, pronto estos dos papeles se volvieron confusos. Debido a su relación con el Emperador Romano, el obispo de Roma muy pronto se convirtió en el predicador más importante del imperio.

Los emperadores Romanos empezaron a utilizar el título, "Sumo Pontífice" (*Pontifex Maximus)*, como la cabeza de la iglesia Cristiana establecida, mismo título que utilizaban los líderes de las religiones paganas. Este título se acortó a Pontífice o Papa (significando "Santo Padre"). Cuando se derrumbó el Imperio Romano y no había un emperador en el occidente, los obispos de Roma asumieron gradualmente los poderes y el papel de Pontífice. Este desarrollo creó la denominación y el sistema religioso de la Iglesia Católica Romana moderna.

Las iglesias Bautistas independientes se opusieron a este proceso, como contrario a la doctrina de la separación de la iglesia y el estado.

Palabra fiel es ésta: Que si somos muertos con Él, también viviremos con Él: Si sufrimos, también reinaremos con Él; si lo negáremos, Él también nos negará: (2 Timoteo 2:11-12) RVG

CAPÍTULO 9

MONTANISTAS, DONATISTAS Y NOVACIANOS

"Mas también si alguna cosa padecéis por la justicia, sois bienaventurados. Por tanto, no os amedrentéis por temor de ellos, ni seáis turbados; Porque mejor es que padezcáis haciendo el bien, si la voluntad de Dios así lo quiere, que haciendo el mal." (1 Pedro 3:14, 17)

Desde el comienzo hubo aquellos que se negaron a aceptar el concepto de la iglesia como una organización única que todo lo abarca. Algunos de ellos fueron sinceros creyentes de la Biblia, otros fueron claramente herejes. Su enseñanza en común fue que demandaban independencia para la iglesia local.

Montanistas

Una de las primeras protestas contra el creciente carácter denominacional de la iglesia vino de Montanus, un predicador en Frigia, alrededor de ciento cincuenta años después de Cristo. Él enfatizaba la iglesia local y la separación de la iglesia y el estado, y se oponía al surgimiento de Obispos que tenían el control sobre varias iglesias. Él se mantuvo en todas las bases Distintivas Bautistas excepto en una. Él creía en la revelación continua del Espíritu Santo (muy parecido a la creencia de los Pentecostales de nuestros días), y por esto tal vez podría no ser considerado como un creyente de Las Escrituras como la autoridad única para la fe y la práctica.

Montanus, de cualquier modo, influenció a muchas iglesias para actuar y pensar independientemente y a estudiar Las Escrituras por sí mismos. Estas iglesias eran usualmente llamadas Montanistas, sin tomar en cuenta las conclusiones doctrinales a las que hubieran llegado. El Concilio de Constantinopla en el año trecientos ochentaiuno después de Cristo, declaraba que los Montanistas debían ser considerados como paganos. A pesar de la oposición de parte del Cristianismo denominacional, los Montanistas continuaron creciendo durante varios cientos de años.

Debido a que los Montanistas eran libres de estudiar la Biblia por sí mismos, muy seguido llegaban a diferentes conclusiones. Si los Montanistas existieran en nuestros días, muchos de ellos serían clasificados como herejes y otros serian similares a los movimientos protestantes modernos. Algunos de ellos sostenían bases Bautistas, y sería justo decir que muchos de los antiguos Montanistas, de hecho, eran Bautistas.

Tal vez el más famoso de todos los maestros Montanistas fue Tertuliano. Él predicó en África del Norte durante el siglo III. Es recordado repetidamente como uno de los padres de la iglesia primitiva, a pesar de que no estaba conectado con la iglesia organizada. Él a veces es llamado: "El Padre de la Teología Latina."

Tertuliano habló abiertamente a favor de las iglesias independientes, del bautismo por inmersión sólo para los creyentes, de la separación de la iglesia y el estado y de la autoridad única de Las Escrituras. Algunas veces es acusado falsamente de enseñar la redención bautismal, pero sus propios escritos sobre la gracia dejan muy en claro que éste es un cargo falso. Él parece haber sido un Bautista genuino. De hecho él fue llamado en varias ocasiones "Tertuliano el Bautista" debido a su fuerte énfasis en el bautismo correcto.

Donatistas

En el siglo IV, la Cristiandad estaba siendo fuertemente denominacionalizada y gradualmente controlada por el gobierno romano. Otros grupos se unieron a los Montanistas en la posición de separarse de la Cristiandad organizada. Una nueva ola de iglesias independientes surgió en África del Norte. La mayoría de estas iglesias rompieron la comunión con la iglesia establecida sobre los asuntos de las cualificaciones para los Obispos, el estado que pagaba a los clérigos, la pureza en la iglesia y la autoridad final en las disputas entre la iglesia y el estado. El movimiento empezó a ser conocido por el nombre del más hábil de sus líderes, Donato, pastor de la iglesia en Cartago.

El Emperador Constantino ordenó a los Donatistas que se reunieran con la iglesia reconocida; ellos se negaron. Él entonces desterró a los pastores Donatistas y uso al ejército para cerrar los edificios de las iglesias. El continuó persiguiéndolos por cinco años, pero luego decidió dejarlos en paz, siempre y cuando no se reunieran en edificios de uso formal como iglesia. A través de toda África del Norte, las iglesias Donatistas florecieron hasta llegar a ser tan populares como la iglesia establecida.

Las iglesias Donatistas tendían a desarrollarse siendo independientes. Normalmente enseñaban la autoridad única de Las Escrituras, el bautismo por inmersión sólo para creyentes y la separación de la iglesia y el estado. Algunos fueron incluso más allá y enseñaron lo que conocemos ahora como Distintivos Bautistas. Ellos mandaron misioneros a través de todo el Imperio Romano. Fueron particularmente bien recibidos en la parte occidental del Imperio donde sus descendientes ayudaron a formar el movimiento Pauliciano que estudiaremos en el siguiente capítulo.

Novacianos

Tal vez el más importante de los primeros grupos separatistas para la historia Bautista fue el de los Novacianos. Novaciano fue un predicador independiente en Roma durante el Siglo III que llegó a ser muy prominente en la parte occidental del imperio, tanto así, que todas las iglesias independientes fueron pronto llamadas Novacianas. Este término para los predicadores e iglesias independientes habría de mantenerse durante doscientos años.

La distinción normal de las iglesias Novacianas era su apoyo a las iglesias independientes y la vida de pureza de sus miembros. Las iglesias en Roma que seguían a Novaciano reclamaban tener las enseñanzas originales de la iglesia de Roma. No creían que hubieran tomado una posición nueva; en vez de esto, ellos sentían que las otras iglesias en Roma se habían desviado de la fe.

Novaciano era muy odiado por Cornelio, el Obispo de Roma. Cornelio criticaba abiertamente a Novaciano e hizo tantas acusaciones en contra de él que a veces es difícil sortear la verdad entre tantas mentiras.

Parece ser que la adherencia a lo que llamamos Distintivos Bautistas era muy común entre los primeros Novacianos. Ellos comúnmente eran llamados "Iglesias bautizadas" debido a su énfasis en el bautismo correcto. Después de los primeros doscientos años, su influencia casi murió en el Oeste, pero continuaron floreciendo y se esparcieron hacia el Oriente del Imperio. Montanistas, Novacianos y Donacianos seguido se contactaban entre ellos, y hay muchos ejemplos de su cooperación mutua. Con frecuencia aceptaban como válido el bautismo de una y otra iglesia. Un predicador ordenado en una de estas iglesias era comúnmente aceptado en otras iglesias independientes. Hay varios registros de fusiones entre diferentes congregaciones cuando se daban cuenta de que creían en los mismos principios.

Su influencia y crecimiento en la parte Oriental del Imperio se puede confirmar al ver que la Iglesia Católica Romana del Este siempre ha estado un poco más orientada hacia Las Escrituras que la Iglesia Católica Romana del occidente.

La Persecución por los Musulmanes

A pesar de diferentes tiempos de sangrienta persecución, estas iglesias independientes florecieron a través de la mitad Oriental del Imperio Romano hasta la conquista del área por los Musulmanes.

Al principio los Musulmanes trataron a las iglesias independientes mejor que como lo había hecho la Iglesia Romana, o Católica Occidental; pero gradualmente los fanáticos musulmanes tomaron control sobre el Imperio del Islam y se propusieron destruir o convertir a la fuerza a todos los no Musulmanes. Aun cuando la gran mayoría de los detalles de estas persecuciones se han perdido, sabemos por cierto que las iglesias independientes fueron destruidas a fuego y espada. Literalmente cientos de miles de personas no

Musulmanes fueron ejecutadas en este periodo.

Es justo decir que estas iglesias independientes eran las descendientes doctrinales de los Apóstoles y de la iglesia Neotestamentaria primitiva. Algunas veces podían rastrear su legado directo hasta las iglesias apostólicas (Parece ser que los Novacianos podían hacer esto). Estas iglesias llevaron directamente a las iglesias que vamos a estudiar. Los Paulicianos en el Este y los Waldenses, Albigenses y los Lolardos en el Oeste, son algunos ejemplos. Estas iglesias llevaron directamente a los Anabaptistas Suizos, a los Hermanos Alemanes, y a los Bautistas Holandeses e Ingleses. Nuestras Iglesias Bautistas modernas tienen sus orígenes en estos grupos.

Es imposible sobreestimar nuestra deuda a los primeros grupos Bautistas. Ellos mantuvieron vivas algunas enseñanzas importantes en las que nos gozamos y vivimos hoy.

Y lo que has oído de mí ante muchos testigos, esto encarga a hombres fieles que sean idóneos para enseñar también a otros. (2 Timoteo 2:2) RVG

CAPÍTULO 10

LOS PAULICIANOS

"Y le dijo el Señor: Ve; porque instrumento escogido me es éste, para que lleve mi nombre en presencia de los gentiles, y de reyes, y de los hijos de Israel; porque yo le mostraré cuánto le es necesario padecer por mi nombre."

Cuando los historiadores quieren escribir acerca de los Paulicianos usualmente tratan de conectarlos con un personaje llamado Pablo de entre el Siglo III y V. Este es un desafortunado y pobre reporte histórico. Los Paulicianos eran llamados así por sus enemigos los cuales los acusaban de que sólo aceptaban Las Escrituras del Apóstol Pablo. En verdad ellos aceptaban toda la Biblia, pero citaban tanto a Pablo (lo cual es fácil de entender ya que él fue quien escribió la mayoría de las epístolas a las iglesias del Nuevo Testamento.) que ellos empezaron a sentirse profundamente identificados con él. ¡Si uno tuviera que identificarse con algún ser humano, difícilmente se podría encontrar a una mejor persona!

El movimiento Pauliciano también es acusado con cierta regularidad de herejía sobre la doctrina del pecado (Maniceanos) y la doctrina de Cristo (Adopcionismo). Debe recordarse que el movimiento Pauliciano duró cerca de diez Siglos. Es cierto que estas dos herejías se infiltraron fuertemente en el movimiento Pauliciano durante los años finales de su existencia, pero los Paulicanos habían existido por varios cientos de años antes de que estas herejías se hicieran prominentes. No creo que sea justo, ni exacto, el evaluar un movimiento sólo por sus creencias al final de su existencia. Uno de sus manuales de doctrina, *La Llave de la Verdad,* ha sobrevivido hasta nuestros días. Este libro claramente expresa todos los que llamamos Distintivos Bautistas. Los Paulicianos fueron claros en advertir que las iglesias Romana y Griega se estaban retirando de muchas verdades importantes, incluyendo el bautismo sólo para los creyentes.

El Fiel Testigo Bautista

De acuerdo con los registros de los Paulicianos, la fe Apostólica se propagó desde Antioquia hasta Mesopotamia y Persia y especialmente a la región de las montañas de Tauro, incluyendo al Monte Ararat, el lugar de descanso del Arca de Noé. De esta base, relativamente segura, sus ideas fueron propagadas por la mitad oriental del Imperio Romano y las áreas donde actualmente se localizan Irán e Irak.

Los grupos no conformistas han sido generalmente más exitosos en regiones montañosas donde hay barreras naturales contra los ejércitos perseguidores. A través de los siglos muchos Paulicianos han sobrevivido agresivas persecuciones al escapar con sus hermanos a las mismas montañas de Tauro. Muchos acontecimientos de los Paulicianos permanecen oscuros a nosotros hoy en día. Acerca de algunos períodos de su larga historia no tenemos otra fuente de información más que el reporte prejuicioso de sus enemigos. Sin embargo, sí contamos con información fiel de varios eventos en su historia.

Alrededor del año seiscientos sesenta después de Cristo, un joven Armenio llamado Constantino dio refugio a un diácono Cristiano que escapaba de sus perseguidores. En pago a su bondad a Constantino le fue dado un Nuevo Testamento. Constantino estudió su Nuevo Testamento y empezó a ver las cruciales diferencias entre el Catolicismo Romano y la fe Apostólica. Se envolvió en numerosos debates públicos con líderes Católicos e inmediatamente fue identificado con los Paulicianos, y en seguida el gobierno del Imperio Bizantino empezó su primera persecución de Paulicianos en todo el imperio. Constantino fue apedreado hasta morir, y su principal asistente fue quemado en la hoguera. Bajo el liderazgo de la Emperatriz Teodora, que odiaba a los no-conformistas, más de 100,000 Paulicianos fueron asesinados ¡tan sólo en una provincia de Armenia! El doble de ese número fue masacrado en el resto del imperio. Muchos Paulicianos huyeron de regreso a la protección de las montañas. Durante este periodo hubo muchos esfuerzos de los Paulicianos para alcanzar a las tribus árabes para Cristo. Un buen número de conversiones tuvo lugar, y una relación generalmente buena se desarrolló entre los árabes y Paulicianos. Ellos seguido se protegían y ayudaban unos a otros de las persecuciones Católicas.

El Fiel Testigo Bautista

La historia de un hombre árabe que casi se convirtió, forma una de las más importantes historias del mundo. Mahoma tuvo un extenso contacto con los Paulicianos, y por la influencia de ellos él se convenció del monoteísmo (la existencia de un solo Dios verdadero). De su propio testimonio se sabe que cuando los espíritus comenzaron por primera vez a visitarlo con la información que después sería contenida en el Corán, él temía que fueran demonios enviados por Satanás (y sin duda lo eran).

Los amigos Paulicianos de Mahoma le advirtieron que la verdadera prueba de los espíritus era si reconocían o no que Cristo es Dios (1 Juan 4:1-4). Cuando él aplicó esa prueba a estos espíritus, ellos inmediatamente negaron la Deidad de Cristo. Desafortunadamente, Mahoma como quiera decidió creerles y así nació la falsa religión del Islam. Mahoma y sus primeros sucesores se mantuvieron amigables con los Paulicianos; los protegieron y les dieron completa libertad religiosa cuando estuvieron en regiones controladas por árabes. Fue trecientos años después de la muerte de Mahoma, que los fanáticos musulmanes empezaron sus guerras de extermino contra los Paulicianos.

En el Siglo IX, los Paulicianos sacaron de Armenia al gobierno Bizantino y establecieron el estado libre de Teprice. La iglesia estaba completamente separada del estado y la libertad de pensamiento fue concedida a todos. Por ciento cincuenta años, este gobierno existió. Puede ser que haya sido el primer estado que, por escrito, garantizó la libertad religiosa a sus ciudadanos. Los Paulicianos, otros Cristianos no conformistas, judíos y árabes musulmanes vivían en completa libertad religiosa. Durante este tiempo de estabilidad, los Paulicianos enviaron misioneros a través de las tribus Eslavas que formaban la población de Europa oriental.

Es interesante notar que los historiadores seculares y Musulmanes reportan que los Paulicianos eran llamados Bautistas y Sabians (palabra árabe que significa Rebautizadores). Ellos han sido llamados "Antiguos Bautistas Orientales" por historiadores como Adeney y Gibbon.

Al rededor del año novecientos cincuenta después de Cristo, los fanáticos Musulmanes invadieron la nación de Teprice, masacrando a sus habitantes. En el año novecientos setenta después de

Cristo, el emperador bizantino Juan Tzimisces ofreció a los Paulicianos la libertad religiosa si aceptaban irse al norte de Grecia y protegían sus intereses allí. Muchos Paulicianos aceptaron su oferta, y se convirtieron en una pieza importante de amortiguamiento entre el imperio Bizantino y la invasión por las tribus alemanas de Europa, que después invadieron el imperio Bizantino, durante las sangrientas cruzadas. Para su crédito, el Imperio Bizantino (a pesar del registro de persecuciones pasadas) respetó este acuerdo durante todo el tiempo que tuvo el control de Grecia.

Los intereses misioneros de los Paulicianos ahora se enfocaron hacia Europa Occidental en vez de hacia el Oriente. Sin duda, los misioneros Paulicianos influenciaron el surgimiento de los Albigenses Independientes en el sur de Francia, los Cataris en el norte de Francia y de los Waldenses en el norte de Italia. Los Paulicianos se enfrentaron a una fuerte oposición de parte de la Iglesia Católica Romana, pero sus ideas continuaron propagándose a pesar de la oposición. La existencia de asambleas Paulicianas fue reportada en lugares tan apartados entre sí como Grecia, Inglaterra y Alemania. Ellos se dispersaron por toda Italia donde eran conocidos como los Patemes, y en Bavaria donde eran llamados los Gazaris.

En el año mil veinticinco los líderes Católicos Romanos sostuvieron un sínodo con el propósito de tratar el asunto de los Paulicianos. Es claro que en este tiempo todavía había Cristianos Evangélicos que sostenían los que llamamos Distintivos Bautistas. Los Romanos Católicos condenaron a un prominente líder Pauliciano, Gundulphus, por estar firme en sus puntos de vista, y ordenaron que sus escritos fueran quemados.

Los Paulicianos, quienes permanecían en el Norte de Grecia, empezaron a ser conocidos como los Bogomils (derivado de una palabra eslava que significa "Amados por Dios"). Ellos fueron perseguidos continuamente, pero sus asambleas sobrevivieron en las montañas hasta el Siglo XVI. Muchos de ellos con la misma teología y doctrina, pero otros fueron desviados hacia la herejía. Los Bogomils continuaron enviando misioneros a todas las regiones de Europa. Hay registros de asambleas de Bogomils en lugares tan lejanos como Moscú. Sus asambleas eran tan numerosas en Bulgaria que la gente con ideas Bautistas en toda Europa seguido eran llamados Búlgaros.

El Fiel Testigo Bautista

Cuando se discute sobre los Paulicianos, los historiadores usualmente también discuten sobre los Maniceanos. Este grupo existió desde el Siglo III hasta el Siglo XIV en lo que fue la mitad oriental del Imperio Romano. Ellos se oponían al bautismo de infantes y luchaban a favor de la separación de la iglesia y el estado. Al tratar este tema, algunas veces son citados también con nuestros ancestros Bautistas; pero, los Maniceanos no sostenían todas las doctrinas fundamentales de la fe Cristiana. Su movimiento salió de un intento de combinar el Cristianismo con la religión de Zoroastro. Los Paulicianos no los consideraban verdaderos Cristianos ni reconocían su bautismo.

Los Paulicianos fueron maravillosamente usados por Dios para mantener vivas y a la vista de todo el mundo las verdades del Nuevo Testamento, verdades que nosotros llamamos Distintivos Bautistas. Es interesante notar que los historiadores estiman que los Paulicianos influenciaron a más gente en Europa y el Medio Oriente, más de lo que lo hacen los Bautistas modernos en nuestros días.

El Fiel Testigo Bautista

Y también todos los que quieren vivir piadosamente en Cristo Jesús, padecerán persecución. (2 Timoteo 3:12) RVG

CAPÍTULO 11

LOS CRISTIANOS CELTAS

"Pero antes de todas estas cosas os echarán mano, y os perseguirán, y os entregarán a las sinagogas y a las cárceles, y os traerán ante reyes y gobernadores por causa de mi nombre. Y seréis entregados aun por vuestros padres, y hermanos, y parientes, y amigos; y matarán a algunos de vosotros;" (Lucas 21:12, 16).

Cuando la gente escucha el nombre *Celtas* hoy en día, inmediatamente piensan en un equipo muy exitoso de baloncesto en Boston (The Celtics). Muy pocos saben de dónde viene el término "Celta", o por qué se escogió este nombre para un equipo de baloncesto. Los Celtas fueron la tribu de habitantes originales de las Islas Británicas. Siglos después vinieron a Bretaña los Romanos, Daneses, Anglos Germánicos y Sajones, Franceses y Noruegos.

Todos estos grupos formaron el rico pasado de la gente Inglesa moderna; de cualquier manera, los Celtas fueron los habitantes originales de Inglaterra. Eran conocidos por su bravura en la guerra (ese es el por qué una franquicia de deportes llamó así a su equipo). Los Celtas demostraron su ferocidad cuando se resistieron a los intentos de conquista del Imperio Romano (Siglo I a.C), y otra vez, cuando las iglesias Cristianas Celtas pusieron resistencia a la agresión armada del Catolicismo Romano.

Frecuentemente había intercambios entre las Islas Británicas y el resto de Europa durante el Primer Siglo de la Cristiandad. Las enseñanzas Cristianas pronto encontraron su camino hacia las Islas Británicas, y parecía que habían florecido allí. La religión espiritista Druida que una vez dominó a la sociedad Celta perdió su fuerza con los británicos. Todavía se mantuvo como una fuerza importante, pero para el año doscientos d.C., perdió su dominancia en las Islas Británicas. Tertuliano escribió que la Cristiandad había logrado lo que el Imperio Romano no había podido, la conquista de los Druidas.

El Fiel Testigo Bautista

Debido a su relativo aislamiento, del resto de Europa, los británicos no fueron influenciados por muchos de los eventos que controlaban disputas en Europa. Solo una de las persecuciones romanas se extendió hasta Bretaña (la de Diocletian). Cuando otras regiones eran afectadas profundamente por la marginación de la iglesia y el estado bajo el Emperador Constantino, las iglesias Celtas permanecieron independientes, pero había muy poca organización en las iglesias.

Este concepto de iglesias independientes es, por supuesto, uno de los Distintivos Bautistas. Debido a que todas las iglesias británicas eran independientes, cada una desarrolló su propia posición doctrinal. Mientras se representaban muchos puntos de vista, los que conocemos como Distintivos Bautistas eran muy comunes entre las iglesias británicas desde el Siglo II hasta el Siglo VI. La separación de la iglesia y el estado, el bautismo por inmersión de creyentes y el concepto de congregaciones eclesiásticas independientes fueron conceptos universales dentro de las iglesias británicas. No parece haber ningún concepto de regeneración bautismal, bautismo de niños, salvación mediante la membresía de la iglesia, o un sacerdocio organizado antes de la conquista militar del Catolicismo Romano.

Un acontecimiento de los más famosos y conmovedores en la historia de la iglesia tuvo lugar en este periodo de tiempo. Por el año trecientos ochentaicinco d. C., en el pueblo de Bannavem, nació un niño cuyo padre, Calpurnio, era un diácono en la iglesia independiente de ese lugar. Al niño le pusieron por nombre Succat, que después sería recordado a través de la historia de la iglesia por el nombre de Patricio (Patrick). Fue criado en un hogar Cristiano, pero cuando era un adolescente se volvió muy rebelde a la verdad Cristiana. A la edad de dieciséis años fue secuestrado por piratas Irlandeses y vendido como esclavo a un jefe Irlandés pagano. El muchacho se convirtió en el cuidador de los puercos de su jefe. Mientras estaba solo, cuidando los puercos, se acordó de la enseñanza de sus padres y puso su fe y confianza en la muerte, sepultura y resurrección de Jesucristo. A la edad de veintidós años, escapó de su patrón, que lo maltrataba, y enseguida se regresó a su familia. Después de estudiar y entrenarse se convirtió en predicador.

El Fiel Testigo Bautista

Patricio sintió una carga para ir a predicar a la tribu Irlandesa con quienes había vivido como esclavo. Su familia y amigos trataron de disuadirlo, pero él ¡estaba determinado a regresar como misionero!

Reunía a las tribus paganas en los campos que estaban cerca del pueblo y les predicaba el Evangelio y vio a miles convertirse a Cristo. Bautizó a todos los convertidos por inmersión, y después formó iglesias locales para que se reunieran. El hijo del jefe de una tribu, Benigno, se convirtió y Patricio lo entrenó para ser predicador. Benigno también bautizó ¡a miles de convertidos! Muchas iglesias se formaron a través de sus ministerios.

Patricio parece haber creído en la mayoría de los Distintivos Bautistas, aunque hay dudas de si aceptó o no la Biblia como la única y final autoridad. Pero definitivamente se sujetó a todo lo demás. El tardío intento de los Católicos Romanos de poner a "San Patricio" como uno de sus representantes fue estrictamente político y no tiene ninguna base en hechos históricos.

Un predicador británico llamado Pelagio empezó a popularizar la idea de que los humanos podían ser salvos sin la regeneración por el Espíritu Santo, mientras Agustino enseñó que la regeneración tomaba lugar sólo como predestinación de Dios. La historia registra que la mayoría de las iglesias británicas rechazaban ambas posturas. Sus propios historiadores registran que creían que el hombre debía ser regenerado a través del Espíritu Santo y que todos aquellos que creyeran serían regenerados.

En el Siglo V, dos tribus alemanas, los Anglos y los Sajones, conquistaron gran parte de las islas británicas y comenzaron una gran persecución contra los Cristianos. Muchos creyentes huyeron a las montañas de Wales, en las llanuras de Escocia.

En el Siglo VI, en una de las iglesias independientes Irlandesas fundada por Patricio, un hombre joven, Columba, decidió irse como misionero a Escocia. Él era el nieto de un rey irlandés local. Se construyó una pequeña iglesia en la pequeña isla conocida como Iona, y de allí los misioneros viajaron a través de Escocia, y muchos hombres jóvenes vinieron allí a estudiar. Fueron enseñados en cada uno de los Distintivos Bautistas y propagaron estas ideas a través de Escocia. Iona se convirtió en un colegio para misioneros Bautistas. Eventualmente los misioneros viajaron de Iona a través de Europa. Desafortunadamente, sus esfuerzos por llevar el Evangelio a los invasores Sajones constantemente fracasaba.

Finalmente el Papa romano, conocido como Gregorio el Grande, tomó la determinación de someter a todos los Cristianos Británicos bajo el control de Roma; enseguida representantes de Roma firmaron tratados con los Anglos y los Sajones y lograron su cometido. Luego surgió un constante afán entre el Catolicismo Romano (respaldado por las tribus Germánicas y los Celtas) por controlar a las iglesias independientes. De allí se tuvieron tres Concilios eclesiásticos y en los tres, las iglesias independientes rehusaron someterse al control de Roma. Pero las espadas de los Sajones lograron lo que los Concilios eclesiásticos no pudieron.

Los Sajones comenzaron a conquistar áreas de las que, previamente, no tenían control, y continuamente ejecutaban pastores Cristianos y quemaban o tomaban posesión de los edificios de las iglesias independientes. Durante este tiempo, un rey Sajón, llamado Osvaldo (Oswald) y su hermano, llamado Oswiu, se convirtieron y fueron bautizados por inmersión; también se convencieron de la necesidad de la separación de la iglesia y el estado. Ellos, junto con algunos otros Sajones, ahora se identificaban con los Celtas Cristianos.

Osvaldo deseaba regresar a los Sajones como misionero, pero se sintió obligado a volverse el líder militar de los Celtas. Él conquistó el área del Nortumbría y restableció las iglesias independientes de esa área. De allí mandó llamar a misioneros de Iona. Un misionero, Aidan, era especialmente exitoso en alcanzar a los Sajones para Cristo. Después de gobernar por nueve años, Osvaldo fue muerto en un combate contra otras tribus Germánicas que habían sido enviadas por los Católicos Romanos para pelear contra él. Fue sucedido por su hermano, Oswiu, en la parte Norte y por otro pariente Oswine en el Sur. Oswiu se determinó a gobernar el área entera y mandó asesinar a Oswine. Se dice que Aidan murió de tristeza conforme veía que todos los líderes se iban asesinando entre ellos. Para hacer más sólido su gobierno y sus relaciones con otras tribus Germánicas Oswiu abrazó el Catolicismo Romano y se

El Fiel Testigo Bautista

convirtió en enemigo de las iglesias independientes por las que alguna vez luchó. El Catolicismo Romano se volvió dominante a lo largo de toda Inglaterra.

La iglesia Católica Romana se preparó para tomar el control de Iona y por consiguiente de Escocia. Incluso tuvieron éxito en ganar al pastor de la iglesia de Iona, pero éste pronto fue removido por su congregación. Finalmente, un sacerdote Católico Romano llamado Egbert persuadió a la iglesia de Iona a que se uniera a Roma. Aun cuando muchas de las iglesias y creyentes independientes se mantenían fieles, las iglesias Cristianas Celtas ya nunca volvieron a ser un movimiento dominante en Inglaterra.

Clemente, de Escocia se levantó con el estandarte de Las Escrituras como única autoridad, pero fue forzado a salir de Bretaña y se entregó para ser misionero para los Francos. Eventualmente fue ejecutado por los Católicos.

En el Siglo IX, el Catolicismo Romano controlaba Bretaña, la cual por primera vez se encontraba unida bajo un gobernante (Alfredo el Grande). La jerarquía Católica siempre tuvo más problemas con esta religión que con cualquier otra. Las ideas de las iglesias independientes y la libertad religiosa se mantuvieron fuertes entre los ingleses. Los pastores ingleses constantemente se negaban a predicar la doctrina de la iglesia establecida y sus gobernantes constantemente desafiaban la voluntad del Papa.

Muchos de los Cristianos Celtas eran Bautistas en su totalidad. Las ideas Bautistas eran extremadamente comunes, y en algunas ocasiones eran sostenidas por la gran mayoría de las iglesias. Su posición heroica por la libertad religiosa influenció a futuras generaciones de ingleses. Los sueños de Osvaldo se cumplieron algunos siglos después, cuando los colonizadores ingleses establecieron la República Democrática de los Estados Unidos de América donde la libertad de religión fue garantizada para todos.

El Fiel Testigo Bautista

Y respondiendo Jesús, les dijo: Dad a César lo que es de César, y a Dios lo que es de Dios. Y se maravillaron de Él. (Marcos 12:17) RVG

CAPÍTULO 12

LA HISTORIA DE LA DOCTRINA DE
LA IGLESIA Y EL ESTADO

"Y llamándolos, les intimaron que en ninguna manera hablasen ni enseñasen en el nombre de Jesús. Mas Pedro y Juan, respondiendo, les dijeron: Juzgad si es justo delante de Dios obedecer a vosotros antes que a Dios: Porque no podemos dejar de decir lo que hemos visto y oído." (Hechos 4:18-20)

La doctrina de la separación de la iglesia y el estado era un Principio crucial para las iglesias primitivas. Literalmente millones de cristianos pagaron con su vida por ser fieles a esta verdad Bíblica. Esta doctrina, más que ninguna otra verdad, marcó constantemente la diferencia entre aquellos que sostenían la Cristiandad Bíblica y aquellos que seguían la idea de una Cristiandad organizada y establecida. Algunos grupos diferentes a los Bautistas se mantuvieron por la libertad religiosa, pero ningún otro grupo ha sido más identificado con esta causa como éstos.

Tertuliano escribió:

Es un derecho humano fundamental, un privilegio natural, el que cada hombre adore de acuerdo a sus propias convicciones; la religión de un hombre ni lastima ni ayuda a otro hombre. Ciertamente no es parte de la religión obligar a otro a la religión, a la cual nos debe guiar la libre voluntad y no la fuerza. Aun la víctima del sacrificio es requerida de una mente voluntaria.

El famoso apologista, Justino Mártir, también abogó denodadamente por la libertad de religión. Uno de sus pupilos, Lactantius, escribió:

La religión no puede ser impuesta a la fuerza; el asunto debe ser llevado por palabras que puedan afectar la voluntad, y no por golpes. La tortura y la piedad son totalmente opuestas; Tampoco es posible que la verdad se una a la violencia, o que la justicia se una a la crueldad. Ningún asunto es de libre voluntad, tanto como la religión.

Estos primeros partidarios de la libertad de religión no se fueron sin ser escuchados. En el año trecientos doce d. C., cuando Constantino adoptó la Cristiandad (sin aceptar a Cristo), originalmente dio la noticia de que su meta era la completa libertad de religión. Su famoso Edicto de Milán abre diciendo:

"Percibiendo desde hace tiempo que la libertad de religión no debe ser negada, sino que debe ser concedida al deseo y juicio de cada individuo para que realice sus deberes religiosos según su propia elección..."

Si Constantino tenía, o no tenía, la intención de promover la libertad de religión, sigue siendo causa de debate; lo que no es debatible es el hecho de que pronto abandonó tal propuesta y comenzó a crear el sistema iglesia-estado.

Los partidarios de la separación de la iglesia y el estado dejaron de presentar el caso ante los Emperadores Romanos paganos. Ahora trataban de persuadir a compañeros profesantes del Cristianismo acerca de lo que alguna vez había sido considerado como doctrina básica de la Cristiandad.

La doctrina de la separación de la iglesia y el estado fue uno de los temas fundamentales que dividió a los Montanistas, Donatistas y Novacianos de la iglesia establecida. Un predicador Donatista, llamado Petilian, escribió en respuesta a Agustino:

¿Piensas servir a Dios matándonos con tu mano?

Ustedes, pobres mortales, se equivocan si así piensan;

Dios no tiene verdugos por sacerdotes.

Cristo nos enseña a resistir lo malo, no a vengarlo.

El Fiel Testigo Bautista

Otro predicador Donatista, Gaudentis, dijo: "Dios usó profetas y pescadores, no príncipes y soldados, para propagar la fe."

La influencia de Agustino selló de una vez por todas la doctrina de la iglesia-estado sobre la Cristiandad denominacional.

Mahoma enseñó la libertad de religión, pero sus descendientes sobrepasaron a Agustino en enseñar sobre un estado religioso. El argumento entre estos dos grupos era sobre cuál religión debería proveer el gobierno de estado.

Los siguientes mil años se caracterizaron por la lucha entre las religiones-estado. Los musulmanes estaban destinados a conquistar el Norte y medio oriente de África y a permanecer en constante guerra con la iglesia-estado Bizantina y las iglesias-estado Católico Romanas. Los tres movimientos tenían de común acuerdo una cosa; su religión debería tener el control de la sociedad. Persiguieron a todas las iglesias independientes. Los Paulicianos, por ejemplo, sufrieron a manos de los tres grupos.

Para el año cuatrocientos trece d.C., el Emperador Romano, Teodosio II, decretó la pena de muerte para todo aquel que tratará de convertir a alguien de la iglesia-estado. Para el año quinientos sesenta d.C., Justiniano había declarado la pena de muerte para cualquiera que en el Imperio del Este rebautizara a un miembro de la iglesia-estado. Durante el Siglo XII, tres diferentes Concilios eclesiásticos demandaron la ejecución de todo el que desafiara a la iglesia-estado.

Durante el Siglo VIII, Carlo Magno fue una figura muy importante en la lucha por la separación de la iglesia y el estado. Durante trecientos años, los gobiernos en la parte Oeste del Antiguo Imperio Romano se volvieron muy débiles y limitados. Aun cuando todos ellos se mantuvieron por la unión de la iglesia y el estado, no pudieron hacer mucho para reforzar esas ideas. Mucha de la gente vivió su vida sin la influencia de ningún tipo de gobierno.

Carlo Magno cambió todo esto. Se preparó para reconstruir el Imperio Romano y conquistó la mayoría del Oeste de Europa. En el día de Navidad del año ochocientos d.C., fue coronado Emperador por el Papa en Roma. Carlo Magno trajo varias tribus y naciones bajo su gobierno. También forzó a miles de paganos a aceptar el bautismo Católico. Sus ejércitos llevaban a los paganos a las riberas de los ríos y lagos donde los sacerdotes realizaban "bautismos" masivos. Era obligatorio asistir a la iglesia y diezmar. Sus soldados aplastaron a las iglesias independientes y desenraizaron a los no-conformistas y a aquellos a quienes él llamó, herejes.

El registro histórico demuestra que durante este tiempo poca gente fue partidaria de la separación de la iglesia y el estado. Esto no quiere decir que la verdad no tenía seguidores, pero parece que ellos se vieron obligados a irse a las montañas y a los bosques. Indudablemente, las actividades de los Bautistas y de los no-conformistas continuaron, pero de forma limitada. Después del reinado de Carlo Magno, su imperio fue fracturado y otra vez volvemos a ver un buen número de gobiernos locales, débiles y limitados.

Aun cuando los gobiernos eran relativamente limitados, podemos apreciar el levantamiento de los Albigenses, Petro-brusianos, Waldenenses, Henricianos y otros. Estos proclamadores de la doctrina Bautista atrajeron la atención de millones a la idea de la separación de la iglesia y el estado y otras doctrinas Bautistas. Un historiador Católico Romano estimó que un tercio de la población en Europa se identificaba con iglesias independientes. Esto probó ser una gran amenaza al establecimiento político y religioso. Al campeón de la libertad religiosa le toma sólo un paso muy simple para también llegar a ser un campeón de la libertad en general.

Existen ejemplos en la historia de personas que abogaron por la libertad religiosa tratando de establecer nuevos gobiernos con el propósito de preservar tal libertad:

- El intento de los Paulicianos en el estado de Teprice;
- La revuelta que fue encabezada por Arnoldo de Bresica en Roma (Cap. 14)
- La Guerra de los Rurales en Alemania en el Siglo XVI; y
- La Guerra de Independencia Americana en el Siglo XVIII.

El Fiel Testigo Bautista

El Papa Inocencio III llevó a la iglesia Católica Romana a la cima del poder en el Siglo XIII. Bajo su liderazgo, la iglesia tuvo el control total sobre las naciones de Europa. Él ha sido llamado el hombre más poderoso que jamás haya existido, y probablemente lo fue. Inocencio III amenazó con condenar al infierno a todos los ciudadanos de cierta nación si el gobernante de ésta no lo obedecía. A esto se le llamó "poner una nación bajo prohibición." El poder del Papa para hacer tal cosa era ampliamente creído, de manera que ningún rey se le podía oponer. Él amenazó a reyes con prohibiciones ochentaicinco veces, y las ochentaicinco veces se rindieron ante él. El Papa forzó a un rey a rendir una nación entera ante él.

Inocencio III estaba al tanto de las iglesias independientes y, al menos dos veces atendió a los servicios de éstas, sin que las congregaciones se dieran cuenta quién era. Por su descripción al menos una de estas iglesias era Bautista. Al principio Inocencio III ordenó numerosas misiones para predicarle a los independientes. Cuando esto no tuvo éxito, órdenes a todas las naciones para que ejecutaran a los no-conformistas y cerraran todas las iglesias independientes. También ordenó violentas campañas en contra de los judíos. Y amenazó con poner bajo prohibición a cualquier país que no destruyera sus iglesias independientes.

La persecución religiosa más sangrienta que los Cristianos hayan sufrido, fue el resultado de este decreto. Inocencio (¡Que nombrecito!) III supuestamente era un líder cristiano, y en vez de esto fue responsable de más muertes que las que causó Diocletiano, el Emperador Romano. No fue sino hasta el levantamiento de Adolfo Hitler, en el Siglo XX, que otra persecución igual de sangrienta sacudió a Europa.

Individuos tenaces siguieron levantando la voz por la libertad religiosa, pero su llanto no se escuchó sino hasta el Siglo XVI. Durante los primeros años de la Reforma, los independientes seguido unían manos con los reformistas, para derrotar a las iglesias Católicas del estado. En esos primeros días muchos de los reformistas abogaban por la libertad religiosa. Muchos de los militares de la Zwingli eran Anabaptistas. Aun Lutero cooperó con los Anabaptistas alemanes durante sus primeros años como exiliado del Catolicismo Romano. Es fácil, oponerse a la idea de la iglesia-estado cuando no se está allí. Dondequiera que el poder del Romanismo se fracturaba, rápidamente se levantaban otros tiranos para tomar su lugar. Pronto Lutero en Alemania y Zwingli en Suecia promocionaron su propia forma de iglesia-estado, y atacaron a aquellos con los que alguna vez se unieron en la lucha por la libertad religiosa.

Mientras que la Reforma vio el levantamiento de solamente un estado con libertad religiosa, Holanda, las ideas de los independientes ganaron gran audiencia. Desde el Siglo XVI siempre existieron movimientos fuertes en Europa que trabajaron por la separación de la iglesia y el estado.

La Casa Naranja de los Holandeses proveyó dos grandes héroes para el movimiento que abogaba por la separación de la iglesia y el estado.

En el año mil quinientos setentaidós, William de la Casa Naranja (también conocido como William el Silencioso) concedió la libertad de religión a toda la gente de Holanda. Este fue el primer gobierno, desde el estado Pauliciano de Teprice, en garantizar la libertad de religión a sus ciudadanos. Su descendiente, Julián III, después vino a ser rey de Inglaterra y también rey de Holanda, y trajo libertad de religión básica a la gente Inglesa.

El concepto de libertad de religión gradualmente comenzó a apoderarse de Europa. La mayoría de los países Europeos aún cuentan con algunas limitaciones en la libertad de religión, pero no hay comparación con la tiranía que alguna vez se conoció en Europa hace algunos cientos de años.

Por supuesto, que Estados Unidos y sus doscientos años de historia es el mejor ejemplo de la libertad religiosa. Esta historia será contada en un capítulo más adelante.

CAPÍTULO 13

LA EDAD OSCURA

"Tenemos también la palabra profética más permanente, a la cual hacéis bien de estar atentos como a una antorcha que alumbra en lugar oscuro hasta que el día esclarezca y la estrella de la mañana salga en vuestros corazones:" *(2 Pedro 1:19)*

Para los americanos modernos es muy difícil imaginar cómo era la vida durante el período que llamamos La Edad Oscura de Europa. Este período no fue de la misma duración en cada región de Europa, pero cubre un espacio que abarca desde el Siglo IV hasta el Siglo XIV.

Con la excepción del gobierno de Carlo Magno en el Siglo IX, hubo muy poco gobierno centralizado. Muchos de los gobiernos estaban basados en contratos de protección mutua. Había muy poca ley. La violencia arreglaba todas las disputas. La educación era casi inexistente. ¡Se estima que durante este período menos del 10% de los varones y menos del 1% de las mujeres sabían leer!

Para la vasta mayoría de la gente, la actividad principal era luchar por sobrevivir. Obtener comida, vestido y refugio era una labor de tiempo completo para la mayoría de la gente. Muy poca gente viajaba lejos de la región donde había nacido. Se ha estimado que durante la Edad Oscura la persona promedio ¡nunca conoció a más de doscientas personas en toda su vida!

Aun los sacerdotes de la iglesia establecida usualmente eran analfabetos. La mayoría de los sacerdotes pasaban su vida entera sin siquiera haber visto una Biblia, mucho menos estudiarla. La enseñanza religiosa, aun cuando se mantenía oficialmente Católica, estaba fuertemente influenciada por las supersticiones locales y las leyendas tribales.

El Catolicismo Romano sufrió drásticos cambios durante este período. Había una gran lucha en el interior de la iglesia Romana entre los que eran influenciados por la escuela de

Alejandría y los que lo eran por la escuela de Antioquia. La escuela Alejandrina enfatizaba la interpretación espiritual de las declaraciones Bíblicas mientras que la escuela de Antioquía enfatizaba la interpretación literal. Durante la Edad Oscura, los seguidores de la escuela de Alejandría obtuvieron el control total sobre la Iglesia Católica Romana.

La iglesia se convirtió en un predominante poder político. Durante este período, un buen número de Papas abiertamente admitían su falta de ética, doctrina y conducta tradicional Cristiana. La astrología, el alcoholismo, la inmoralidad y la homosexualidad eran practicadas abiertamente por los líderes de la iglesia, incluso por los Papas.

Algunas veces los Papas cayeron bajo el control de diferentes poderes políticos. Por un tiempo, los nobles italianos controlaban la selección y actividades de los Papas. Tiempo después, fue el Emperador alemán quien ejerció el control. Después de esto, los reyes franceses tomaron el poder. En un punto, los nobles italianos ¡hicieron Papa a un niño de doce años! Él después vendió su puesto ¡por mil libras de plata!

La iglesia del Imperio Bizantino oficialmente se dividió de la Iglesia Romana, cada una reclamando ser la única y verdadera representante de Dios en la tierra. Gradualmente, las tribus alemanas quedaron bajo el control de la Iglesia Católica Romana. Esto hizo que la iglesia dominara sobre Escandinavia y la mayor parte de la tierra de Europa. Rusia cayó bajo el control de la Iglesia Oriental Ortodoxa (Bizantina).

La iglesia establecida se caracterizó por su corrupción. No había un estándar de moralidad o justicia que se pudiera esperar de sus sacerdotes. Más y más, muchas ideas paganas se convirtieron en enseñanzas comunes tales como:

- *El Purgatorio* - Definido como un lugar de penitencias entre el Cielo y el Infierno del que se puede escapar pagando dinero.
- *Indulgencias*-pago de dinero o bienes para remisión de pecados.
- *Salvación por el Bautismo.*

El efecto primario de la iglesia establecida en la vida europea fue de tipo político y financiero. Varios intentos fueron hechos para reformar la iglesia, e incluso algunos Papas tomaron de una manera seria sus responsabilidades haciendo algunas mejoras temporales. Diferentes grupos se desarrollaron entre la iglesia establecida y trataron de solucionar problemas específicos. Se designaron monasterios para proteger de la influencia del mundo a los sacerdotes. Algunos hicieron voto de pobreza para blindarse de la influencia del dinero. Gradualmente, el voto del celibato llegó a ser la norma entre los sacerdotes. Era para protegerlos de ser llevados a la impureza moral. Sin embargo, al hacerse más común el que los sacerdotes no se casaran, los problemas morales se hicieron aún más comunes entre el clero de la iglesia establecida.

La mayoría de los movimientos de Reforma trajeron mejoras temporales y limitadas, pero el curso de las cosas siguió generalmente igual.

Algunos Papas llevaron a la Iglesia Católica Romana a grandes momentos de poder. Gregorio VII tuvo un poder político tan grande que podía hacer que el Emperador alemán esperara descalzo en la nieve durante días antes de que pudiera verlo. Él entonces hacia una reverencia, besaba sus pies y le rogaba por su perdón. Sin embargo, tales andanzas políticas eran riesgosas. Este mismo Emperador, luego que aumentó su poder, echó de Roma a Gregorio y tiempo después el Papa murió en el exilio escondido en las montañas. Como hemos visto, el Papa Inocencio III llevó a la Iglesia Católica Romana a un lugar de poder supremo en Europa. La voluntad del Papa Inocencio III era la ley, y mientras permaneció en el poder nadie pudo desafiarlo con éxito. Al correr del tiempo, fue muy difícil para los Papas mantener tal control.

Las Cruzadas tomaron lugar durante este período con el propósito de sacar a los Musulmanes de Palestina y establecer reinos Cristianos (Católicos) en la tierra donde la mayoría de los eventos Bíblicos tomaron lugar. La primera cruzada para sacar de Palestina a los Musulmanes tuvo cierto éxito, y reinos modelados tras el ejemplo de los estados feudales de Europa fueron fundados. Estos reinos duraron varias décadas, pero eventualmente volvieron a ser tomados por los Musulmanes. Un buen número de Cruzadas fueron lanzadas, pero con poco éxito. Estas Cruzadas fueron encabezadas por la Iglesia Católica Romana, y en muchas ocasiones fueron organizadas por los Papas mismos. Los sacerdotes y líderes de la iglesia siempre acompañaban a las Cruzadas. ¡Estaban hasta el cuello de robos, violaciones y muertes!

A la gente de Europa se le aseguró que era la voluntad de Dios que conquistaran Palestina, pero después de décadas de sacrificar decenas de miles de vidas y una cantidad no revelada de recursos financieros, la gente de Europa estaba muy desilusionada. Comenzó a parecerles que, después de todo, Dios no hablaba a través de la Iglesia Romana. Las Cruzadas llevaron a un tremendo declive en el poder de la Iglesia establecida. Estados en las naciones comenzaron a levantarse al ver que tribus relacionadas eran tomadas bajo el control de fuertes líderes que seguido se sentían libres de desafiar al Papa. Un rey Francés abiertamente mandó golpear al Papa porque éste lo había criticado.

Discusiones se levantaron acerca de cuál, en realidad, era el Papa, debido a que otras naciones reconocían a diferentes líderes como Papas. Pronto, la autoridad del Papa fue basada en su habilidad para ganar el apoyo de varios reyes influyentes.

La diaria observación religiosa cambio drásticamente. Raramente los católicos atendían a los servicios de la iglesia o recibían algún tipo de instrucción religiosa. La gente aún buscaba a los sacerdotes para "bautizar" infantes, servir la comunión (lo que generalmente era hecho en las casas), llevar a cabo casamientos y conducir funerales.

La iglesia aún tenía un poderoso control sobre la gente, pero ellos tenían muy poca preparación formal como Católicos.

Cuando un avivamiento de aprendizaje vino a Europa, tuvo muy poco que ver con las iglesias. Escuelas empezaron a formarse en las ciudades y el nivel de educación creció. La educación aún venía con una perspectiva Católica, pero la mayor parte de ella era Católica sólo nominalmente hablando. Cuando el gran maestro, Abelardo, empezó a animar a sus alumnos a pensar por sí mismos, esto trajo grandes resultados. Dos de sus estudiantes empezaron a estudiar la Biblia por sí mismos en vez de estudiar las enseñanzas

Católicas sobre la Biblia y después de ser salvos se convirtieron en grandes líderes Bautistas, Pedro de Bruys y Arnoldo de Bresica.

Estas circunstancias crearon grandes oportunidades para los predicadores Bautistas Independientes. A través de la mayor parte de la Edad Oscura, ellos viajaron y predicaron libremente, aun cuando los gobiernos locales trataban de detenerlos, pero éstos usualmente tenían muy poco control fuera de las villas grandes. Multitudes se reunían para escuchar a los Bautistas independientes predicar la Palabra. Aun la terrible persecución bajo Carlo Magno y el Papa Inocencio III no pudo destruir este movimiento.

Había una gran hambre espiritual que obviamente la corrupta iglesia establecida no podía satisfacer. La gente no estaba lavada del cerebro en la doctrina de la Iglesia establecida.

No tenemos todos los detalles de la gran predicación del Evangelio de los movimientos Bautistas independientes de este período. Sería muy emocionante tenerla; Sin embargo, aun los más parciales historiadores, seculares y Católicos, reconocen la importancia de las iglesias separatistas independientes durante este periodo. Estudiaremos una buena cantidad de tales grupos a través de los siguientes tres capítulos.

El Fiel Testigo Bautista

Y otra vez Jesús les habló, diciendo: Yo soy la luz del mundo; el que me sigue, no andará en tinieblas, mas tendrá la luz de la vida. (Juan 8:12) RVG

CAPÍTULO 14

HÉROES BAUTISTAS DE LA EDAD OSCURA

"Que por esto también trabajamos y sufrimos oprobios, porque esperamos en el Dios viviente, el cual es el Salvador de todos los hombres, mayormente de los que creen. Esto manda y enseña. Ninguno tenga en poco tu juventud; sino sé ejemplo de los creyentes en palabra, en conversación, en caridad, en espíritu, en fe, en pureza." 1Ti 4:12

La pequeña ciudad de Albi al sur de Francia se convirtió en el centro de una gran controversia religiosa. Fue en Albi que un buen número de iglesias independientes desafiaron al Catolicismo Romano establecido. Pronto, las iglesias independientes a lo largo de Francia tomaron el nombre del pequeño poblado de Albi y llegaron a ser conocidos como los Albigenses. Era común entre estas iglesias independientes bautizar sólo a los creyentes, abogar por la separación de la iglesia y el estado, el sacerdocio de los creyentes y la libertad del alma. Algunas de las iglesias y predicadores fueron incluso aún más allá y enseñaron sobre la autoridad única de Las Escrituras. Muchas de las iglesias llamadas Albigenses fueron Iglesias Bautistas legítimas.

La mayoría de estas iglesias reclamaban derivarse directamente de los Apóstoles, ya fuera de los Paulicianos o a través de un grupo francés llamado los Catari. Muchos de los más famosos de los Catari eran Herejes. Los Catari obtuvieron su nombre (que significa purista) por la insistencia de una membresía regenerada en sus iglesias independientes.

Gran parte de los Catari originales parecen ser Bautistas, pero su movimiento fue absorbido, relativamente pronto, por los herejes. Los Waldenses tenían misioneros en el sur de Francia, pero se unieron a los Albigenses. Los Albigenses, Paulicianos y Waldenses muy seguido tenían comunión los unos con los otros y respetaba su ordenación y su bautismo mutuamente.

El Fiel Testigo Bautista

Los Albigenses establecieron sus propios hospitales, escuelas y seminarios mientras el Catolicismo Romano decaía en la región entera. Los grupos independientes fueron condenados por los concilios de varias iglesias, y representantes de la iglesia establecida fueron enviados para persuadirlos a que abandonaran sus iglesias independientes. Finalmente, el Papa Inocencio III ordenó que los destruyeran a la fuerza. Sus órdenes se llevaron a cabo con la destrucción de ciudades enteras en donde los Albigenses tenían iglesias fuertes. Los Albigenses fueron objeto de tal odio que el Catolicismo establecido estuvo dispuesto a matar a miles de fieles Católicos para asegurarse que todos los Albigenses murieran. Esta persecución sangrienta continuó por veinte años. Los Albigenses que sobrevivieron se escondieron en los bosques y montañas, o huían a refugiarse con los Waldenses. Se ha dicho que de todas las persecuciones dirigidas en contra de los Bautistas, ésta fue la más cruel.

Alrededor del año 1100 d.C., Pedro de Bruys se convirtió en un prominente predicador independiente en Francia. El claramente se dedicó a abogar por todos los que llamamos Distintivos Bautistas y sufrió por su punto de vista. Fue expulsado de muchos lugares, pero predicó por 20 años en Toulouse. En 1126, fue detenido por las autoridades Católicas y quemado en la hoguera. Quienes fueron influenciados por sus enseñanzas formaron iglesias independientes y fueron llamados Petrobrusianos. Se volvieron tan populares que se convocaron concilios especiales del liderazgo Católico Romano para decidir qué hacer con ellos.

Uno de los seguidores de Pedro fue Henry de Lausanne que predicó en toda Francia y Suiza. Congregaciones enteras de Católicos Romanos dejaron la iglesia establecida y se convirtieron en independientes. Estas iglesias fueron conocidas como *Henricianos*. Henry enseñó las verdades que ahora llamamos los Distintivos Bautistas. Fue arrestado después de ser declarado hereje por el liderazgo Católico y murió en una prisión subterránea alrededor de 1148 d.C. Los Anabaptistas Suizos, cuatrocientos años después, proclamaron que sus iglesias se derivaban de los Henricianos y Petrobrusianos que huyeron a los Alpes. Los Anabaptistas Suizos eran influenciados también por los Waldenses.

Arnoldo de Bresica, a través de toda su vida, fue un vocero de la separación de la iglesia y el estado, y su trabajo le causó el ser expulsado de varios países. Finalmente se fue a Roma donde su estricta enseñanza llevó a la gente de Roma a derrocar al Papa y echarlo de la ciudad. Por un tiempo, la gente de Roma gozaba de libertad, y muchas iglesias independientes operaron abiertamente. Arnoldo se identificó a sí mismo con los Distintivos Bautistas, y pronto muchas de las iglesias independientes fueron llamadas Arnoldistas. Ganó a muchos seguidores en la región Italiana de Lombardi. Por cientos de años a los promotores de la separación de la iglesia y el estado en Italia se les llamó Lombardos.

Desafortunadamente, las fuerzas militares leales al Papa retomaron Roma, y Arnoldo fue capturado y colgado. Su cuerpo fue quemado, y sus cenizas fueron echadas en el río Tiber. Muchos de sus seguidores fueron asesinados.

Los Arnoldistas después se identificaron con los Waldenses como lo hicieron muchos de los Petrobrusianos, los Henricianos y los sobrevivientes Albigenses.

Berengarius fue director de las escuelas Católicas viajeras. Su estudio de Las Escrituras lo llevó a enseñar el bautismo de creyentes por inmersión solamente y de que la Santa Cena era sólo una ordenanza. Fue declarado hereje y pasó en aislamiento el resto de su vida. Él tuvo muchos seguidores que también fundaron iglesias independientes. Un escritor Católico estimó que la congregación combinada de estas iglesias independientes era mayor a 800,000. Se sabe muy poco de lo que pasó con este movimiento.

Durante este periodo hubo muchos otros que fueron valientes por la verdad. Se reporta que en 1146 d.C. en el pueblo de Colonia en Alemania, había muchos "herejes". Sus enemigos los describen como propagadores de doctrinas que hoy conocemos como Bautistas.

En 1165 d.C. hubo un Concilio con el propósito de tratar con un grupo sin nombre de "herejes." La descripción de su enseñanza los identifica claramente como Bautistas.

Mucha gente con convicciones Bautistas vivió en Bohemia. Se cree que ellos eran una rama de los Waldenses (ver cap. 16).

Eventualmente se abrigaron bajo la protección del Príncipe de Liechtenstein quien se convirtió en uno de ellos y los protegió en su reino. Se estima que alrededor de unos 30,000 Bautistas independientes se abrigaron bajo la bandera de su protección. Ellos se aislaron a sí mismos del resto de Europa, y aún hoy en día la ciudad-estado moderna de Liechtenstein se mantiene independiente de todas las naciones de Europa.

Seguido, los valientes pastores independientes de la Edad Oscura eran marcados bajo nombres y acusaciones falsas. Muchas veces fueron acusados (falsamente) de brujería, y los Paulicianos, Waldenses, Albigenses, Bogomils y otros fueron ejecutados, aun cuando no había validez en los cargos. Algunos de los historiadores sospechan que muchos de los ejecutados por brujería en esas grandes multitudes eran en realidad predicadores del Evangelio.

La Hermandad Bohemia se desarrolló en Alemania como un movimiento distinto, y ellos posiblemente tuvieron alguna conexión con los creyentes Bohemios previamente mencionados. Estos creyentes comúnmente mantenían su membrecía en las iglesias Católico Romanas (las cuales raramente se reunían). Estos Cristianos formaron grupos de estudios Bíblicos independientes y practicaban el Bautismo y la Cena del Señor. Cada grupo era independiente y muchas de las congregaciones desarrollaron convicciones Bautistas. Su más famoso vocero, Peter Cheleicky, recomendaba el Bautismo de creyentes solamente por inmersión. Estos grupos eventualmente comenzaron a ser perseguidos y se volvieron iglesias independientes.

La Hermandad Bohemia, parece que fue influenciada por los Picardos, otro grupo alemán de Bautistas del cual tenemos poca información.

En los siguientes dos capítulos estudiaremos los dos grupos más grandes de predicadores Bautistas independientes, los Lolardos y los Waldenses.

CAPÍTULO 15

LA PRE REFORMA DE

LOS BAUTISTAS INGLESES

"Príncipes me han perseguido sin causa; mas mi corazón está asombrado de tu palabra. Me gozo yo en tu palabra, como el que halla muchos despojos. La mentira aborrezco y abomino; tu ley amo." (Salmos 119:161-163).

A pesar del control Católico Romano en Inglaterra, las valientes almas continuaron avanzando la verdad espiritual allí.

Durante el Siglo XIII, Robert Grosseteste, un obispo inglés declaró que Las Escrituras eran la única autoridad para la fe y práctica. Fue declarado hereje por el Papa. Durante el Siglo XIV, el capellán del Rey, Thomas Bradwardine, comprendió claramente la salvación personal. Se convirtió y predicó la verdad evangélica y copias de sus sermones fueron propagadas por toda Europa. Fue protegido por el Rey Eduardo III. El estudio de Bradwardine lo llevó a ser partidario de muchos de los Distintivos Bautistas.

John Wycliffe, en algunas ocasiones llamado "El Lucero del Alba de la Reforma," se convirtió en el predicador más famoso en Inglaterra. Él predicó claramente la justificación por fe, y se negó al bautismo de infantes. Escribió brillantes defensas sobre la doctrina de Las Escrituras como autoridad única. No obstante, a pesar de que estaba bajo la protección de poderosos nobles ingleses, y de que había sido hecho capellán por Eduardo III, fue forzado a retirarse a los límites del país por su seguridad.

Wycliffe se dedicó a la traducción de Las Escrituras al idioma Inglés, el idioma común en el Siglo XIV y que hoy en día es llamado, Inglés Medieval. Estaba tan consagrado a la autoridad única de Las Escrituras, la libertad del alma y el sacerdocio de todos los creyentes que creía que cada persona debía tener su propia copia de Las Escrituras para su estudio. Un grupo totalmente nuevo de predicadores (muchos de ellos sacerdotes convertidos) comenzó a viajar alrededor de Inglaterra proclamando estas verdades y predicando directamente de Las Escrituras. Seguido atraían a grandes multitudes y eran recibidos fervientemente por la gente.

Se hicieron esfuerzos constantes de parte de representantes del Catolicismo para hacer que Wycliffe se retractara y negara las doctrinas que predicaba. Una ocasión que estuvo muy enfermo y se creyó que moriría, representantes de cuatro órdenes Católicas vinieron a verlo y le demandaron que se retractara de sus previas enseñanzas. Él se levantó de su cama y declaró: "Yo no moriré, sino que viviré, y otra vez volveré a denunciar los actos malvados de los frailes."

Wycliffe pasó quince años traduciendo la Biblia "Vulgata Latina" al inglés (Él no sabía hebreo ni griego). Su traducción fue ampliamente recibida. Sus seguidores eran tantos, que un escritor contemporáneo de Wycliffe, estimó que sus seguidores ¡eran más que los de la Iglesia Católica Romana! Muchos de sus seguidores eran predicadores de la calle y enseñaban que la Biblia, no el Papa, era la autoridad final. Muchos también predicaron que el Papa no era "el Vicario de Cristo," sino que de hecho era el Anticristo.

Durante los últimos años de su vida John Wycliffe se dedicó al estudio de la teología. Desafió las enseñanzas Católico Romanas de la Cena del Señor y la salvación. Se identificó a sí mismo con las enseñanzas Bautistas de Berengario de Tours y empezó a revelar sobre la enseñanza de la separación de la iglesia y el estado. Para la mayoría de los nobles que lo protegían estas enseñanzas habían ido más allá de lo que ellos pensaban, así que éstos le retiraron su apoyo. Algunos de sus más cercanos asociados en el ministerio rompieron con él, pero en vez de rendirse, ahora abogó más marcadamente a favor de las iglesias independientes y la separación de la iglesia y el estado. Se le ordenó que se presentara ante el Papa, pero se negó.

Wycliffe sufrió un infarto y murió en la iglesia en el año de 1384. El Concilio de Constancio mandó que sus libros fueran quemados, y su cuerpo fue exhumado para luego ser echado al fuego.

El Fiel Testigo Bautista

Walter Lollard, un Waldeniense alemán, vino a Inglaterra durante este periodo y fue claramente un predicador Bautista. En muy poco tiempo atrajo un gran número de seguidores que fueron llamados, junto con los seguidores de Wycliffe, Lolardos o "Hombres de la Biblia" (¡no es un mal apodo!) Fueron llamados "Hombres de la Biblia" por su énfasis en que Las Escrituras son la única autoridad para la fe y práctica.

Los Lolardos pidieron al Rey y al Parlamento por la separación de la iglesia y el estado y por la libertad religiosa. Por este tiempo, se estima que eran una escasa mayoría en Inglaterra.

En muy poco tiempo fueron objeto de crueles persecuciones, apoyadas por el Rey y el Parlamento. En 1401, un predicador conocido como William Sawtre fue quemado en la hoguera por ser un "Hombre de la Biblia." Después de la ejecución de Sawtre, otros buenos hombres, *de quienes el mundo no era digno"* (Hebreos 11:38), fueron llevados a la hoguera:

- JohnBady
- Richard Turming
- John Claydon
- William Taylor (un sacerdote)
- William White
- Richard Hovden
- Richard Wyche
- Thomas Bangley (otro sacerdote) y
- Sir John Oldcastle.

¡Estas personas son las que deberían ser héroes para la juventud de hoy en día!

La primera mujer que fue quemada en la hoguera, en Inglaterra, fue Joane Broughton, una Lolarda que fue quemada en el campo Smith en el año 1494. Fue seguida a la hoguera valientemente por su hija.

Apartaron una torre en Lambeth, para encarcelar a los Lolardos que esperaban por un juicio; esta torre todavía se conoce como la Torre de los Lolardos.

El Fiel Testigo Bautista

El poder de los perseguidores Católico Romanos era tan grande que en 1413 presionaron al Rey Henry V para que mandara matar a su viejo amigo John Oldcastle. El crimen de Old Castle había sido el proclamar la salvación personal por la fe, y la autoridad única de Las Escrituras.

Los predicadores Lolardos decidieron ir a esconderse, y las asambleas fueron confinadas a las más remotas áreas montañosas y a los bosques.

A finales del Siglo XV nació en Inglaterra William Tyndale. Sus padres eran miembros de una Iglesia Lolarda (Bautista) Independiente al sur de Gales. Él se convirtió a Cristo mientras estudiaba el Nuevo Testamento Griego de Erasmo, en la Universidad de Oxford. Tyndale llegó a ser un gran erudito del griego y fue usado grandemente por Dios para llevar la Palabra de Dios a la gente inglesa. Su traducción del Nuevo Testamento Griego al inglés tuvo un gran impacto en el país. Un siglo después, los traductores de la Biblia King James fueron muy cuidadosos en mantener las palabras de Tyndale hasta donde les era posible.

Tyndale también escribió libros doctrinales en los cuales mostraba que había abrazado muchas enseñanzas Bautistas. Es recordado por enseñar la independencia de las iglesias locales, el sacerdocio de todos los creyentes, sólo dos posiciones en la iglesia, pastor y diáconos, bautismo por inmersión sólo de creyentes, y la única autoridad de Las Escrituras. Ninguno de sus escritos contenía algo en contra de los Distintivos Bautistas. Al trabajo de Tyndale se unió Thomas Bilney quien también se convirtió al estudiar el Nuevo Testamento Griego de Erasmo. John Fryth, otro erudito en griego, fue ganado para Cristo por Tyndale. Estos tres hombres se volvieron voceros, en Inglaterra, de la fe evangélica y Las Escrituras como la única autoridad.

Este fue un tiempo muy inestable en Inglaterra. En 1401, el Rey Henry IV de Inglaterra pasó unas leyes en las que hacía que la pena de muerte fuera obligatoria para todo el que, en cualquier cosa, estuviera en contra del Papa. Los sheriffs de Inglaterra tuvieron que jurar que perseguirían a cualquier creyente de la Biblia en Inglaterra. Cuando un "hereje" era hallado "culpable," las campanas de todas las iglesias resonaban, y un sacerdote tomaba una vela encendida del altar y gritaba: "Así como esta vela es privada de su luz, así dejen que este hombre sea privado de su alma en el Infierno." Los líderes de las iglesias tomaron la posición de que ¡matar "herejes" era su mayor encomienda!

Mientras que la popularidad de Tyndale se incrementaba, sin ser molestado por el gobierno, otros eran perseguidos. Thomas Man fue arrestado por enseñar el sacerdocio de todos los creyentes y por haber ganado para Cristo a setecientas personas. Fue condenado y quemado en la hoguera. Se está de acuerdo en que la mayoría de los Cristianos modernos (al menos en los Estados Unidos) no tienen que preocuparse de que los quemen en la hoguera por ganar gente para Cristo.

La Iglesia Católica Romana empezó a enseñar en contra de la lectura del Nuevo Testamento Griego, o del uso de cualquier traducción en inglés. Siete adultos fueron quemados en la hoguera por enseñar a sus hijos el Padre Nuestro y los Diez Mandamientos en inglés.

Finalmente, la iglesia establecida "puso sus ojos" en Tyndale, y ya ni sus amigos poderosos pudieron protegerlo. Huyó a Alemania a la ciudad de Colonia que era muy conocida por sus predicadores independientes. Por algún tiempo trabajó pacíficamente allí, pero luego la impresión de su Nuevo Testamento fue prohibida en esa ciudad y tuvo que huir a la ciudad de Worms, donde se imprimió su Nuevo Testamento. El impacto que causó en Inglaterra fue increíble. El Nuevo Testamento Inglés fue ampliamente leído con mucho gozo.

Fiel es el que os llama; el cual también lo hará.
(1 Tesalonicenses 5:24) RVG

CAPÍTULO 16

LOS WALDENSES

"Como está escrito: Por causa de ti somos muertos todo el tiempo; somos contados como ovejas de matadero. "
(Salmo 44:22 y Romanos 8:36).
El Salmo 44 es tradicionalmente conocido como
El Salmo Waldensiano.

Las montañas siempre han sido un lugar de refugio para los no conformistas, su campestre naturaleza provee seguridad contra ejércitos perseguidores. Los Alpes, montañas del centro de Europa, han ofrecido refugio y protección a más de un grupo que buscaba liberarse de una persecución. Uno de los grupos más famosos fue el de los Waldenses.

No hay un punto de comienzo para los Waldenses. Sus actividades son más fácilmente documentadas en el tiempo de Peter Waldo, de quien obtuvieron su nombre, pero es claro que ellos existían desde antes de Waldo. Waldo no comenzó este movimiento de iglesias independientes, él fue alcanzado para Cristo por estas iglesias independientes concentradas en los Alpes. Los primeros Waldenses reclamaban tener descendencia directa de las iglesias del periodo Apostólico.

Peter Waldo fue un mercader adinerado y un ciudadano ejemplar de Lyons, Francia en el siglo XII. Él recibió una copia del Nuevo Testamento de alguna de las iglesias independientes de las montañas y pronto su pensamiento contrastó con la doctrina Católica Romana que antes había escuchado. Tradujo Las escrituras al lenguaje local y empezó a distribuir copias. Esto llevó a la formación de un grupo de estudio en su casa. Waldo confió en Cristo como su Salvador y juntamente con otros, vendieron sus propiedades y dieron el dinero de esa venta a los pobres.

Waldo y sus seguidores empezaron a predicar en Lyons e

El Fiel Testigo Bautista

El Fiel Testigo Bautista

El Fiel Testigo Bautista

hicieron viajes misioneros a las ciudades cercanas. Usualmente viajaban de dos en dos siguiendo el patrón del Nuevo Testamento. Viajaron a través de Francia, Suiza y el norte de Italia. Estos predicadores eran llamados "los hombres pobres de Lyons." Se les ordenó que dejaran de predicar, pero continuaron predicando. Sus Biblias fueron quemadas y ochenta de sus predicadores fueron quemados en la hoguera en Estrasburgo. Fueron expulsados de Austria, Swabia, Polonia, Bavaria, Bohemia y otras áreas. Waldo huyó para salvar su vida, terminando en Bavaria. Sus seguidores fueron llamados también Leonistas.

Los Waldenses fueron muy claros en su posición de tener Las Escrituras como única autoridad; todas sus iglesias eran independientes y cada congregación desarrollaba sus propias doctrinas. El bautismo por inmersión sólo para creyentes era una creencia común, aunque no era universal entre los Waldenses. Ellos enseñaban la seguridad eterna para el creyente y la justificación sólo por la fe. En otras palabras, ellos eran Bautistas creyentes de la Biblia ¡mucho antes del nacimiento de Martín Lutero! Es justo decir que la mayoría de las iglesias Waldenses eran Bautistas, aunque está claro que algunas de las que se identificaban con el movimiento no lo eran.

Los Waldenses eran conocidos especialmente por su forma de vida, la cual era más pura que la de los habitantes de las regiones donde ellos vivían. Inclusive sus más acérrimos enemigos reconocían su piadosa conducta personal. Muchos sacerdotes Católicos Romanos y doctores estudiosos de teología querían convertir a los Waldenses. Algunos admitían que el miembro promedio de una iglesia Waldense conocía Las Escrituras mejor que ellos. Un sacerdote Católico Romano, regresando de una misión para los Waldenses, declaró que aprendió más de Las Escrituras conversando con ellos que en todo su entrenamiento Teológico. Profesores de Teología de la Universidad de la Sorbonna reconocieron que ¡los niños de los Waldenses estaban mejor entrenados en Las Escrituras que ellos mismos!

Los Waldenses reconocían a otras iglesias independientes que predicaban el Evangelio como iglesias del Señor. Se unieron formalmente con los supervivientes Arnoldistas en el sur de Italia.

Produjeron varios escritos de confesiones de fe que ponían sus creencias generales muy en claro. Esas confesiones también atrajeron la atención de la Iglesia Católica Romana y fueron usadas como base para perseguirlos.

Los Waldenses Franceses eran notables, particularmente, por oponerse a la idea del bautismo de infantes y repetidamente eran señalados por la iglesia establecida y criticados por su rechazo al bautismo infantil.

Persecución tras persecución fue dirigida hacia los Waldenses. Decenas de miles fueron masacrados a través de varios siglos; sin embargo, siempre estaban los Alpes. Los Alpes abarcan Suiza, Italia, Francia y Alemania. Los Waldenses huyeron a los Alpes tantas veces que en la mente de mucha gente ellos y las montañas se volvieron un sinónimo. Los Waldenses comenzaron a edificar sus propias villas en las montañas, con escuelas y hospitales.

Los Waldenses tuvieron el cuidado de formar acuerdos de paz con los gobiernos que estaban cerca de ellos. Eran muy cuidadosos en el pago de impuestos, pagándolos inclusive en los tiempos de persecución. Ellos sostenían numerosas reuniones con el gobierno y los líderes de las iglesias para exponer sus posiciones. Seguido permitían que sacerdotes Católicos entraran en las áreas que estaban bajo su control y les predicaran (en el nombre de la libertad de culto). No hay registros de algún sacerdote Católico Romano que haya tenido un éxito sustancial en alguna de esas misiones. Finalmente tuvieron que suspender estas prácticas porque los sacerdotes comúnmente servían como exploradores de avanzada para las fuerzas militares perseguidoras. Los Waldenses publicaron declaraciones explicando claramente sus posiciones.

Todo el esfuerzo por tener buenas relaciones con los gobiernos locales, generalmente no tuvo éxito. Cuando se les ordenaba que dejaran de predicar, se negaban. Cuando los edificios de sus iglesias eran destruidos, se reunían en las montañas, valles y bosques. Cuando se les ordenaba dejar de distribuir Las Escrituras, lo seguían haciendo. Los Waldenses tradujeron Las Escrituras a al menos seis diferentes lenguajes y propagaron copias por toda Europa central. Otros grupos Bautistas como los Albigenses y los

Petrobrusianos con frecuencia usaban traducciones proveídas por los Waldenses. Cuando a los Waldenses se les ordenó que bautizaran a sus niños, desafiaron las órdenes de las iglesias-estado que los rodeaban. Los Waldenses atrajeron especial persecución por sus escuelas separadas. Ellos creían que toda la educación debía ser religiosa y que tenían la responsabilidad de educar a sus propios hijos. En muchas áreas no había escuelas, o había escuelas muy débiles. Ellos determinaron que sus niños debían aprender a leer para que pudieran estudiar la Biblia por sí solos. Por esto, la mayoría de los Waldenses tenían educación durante una época en la que muy pocos sabían leer. Inclusive enseñaron a leer a sus niñas, algo que nunca antes había sido visto por aquella sociedad.

Muchas personas estaban celosas del éxito de sus programas educativos e hicieron intentos especiales para destruir sus escuelas (¡las cosas no han cambiado mucho!).

Sus enemigos seguido decían que el versículo más importante de los Waldenses era, "Es necesario obedecer a Dios antes que a los hombres." Sus doctrinas de la separación de la iglesia y el estado, la autoridad única de Las Escrituras y la libertad del alma los obligaban a desafiar al gobierno cuando interfería con su libertad religiosa.

En ocasiones, los Waldenses se organizaron para defenderse de sus perseguidores. Pelearon muchas y muy duras batallas, y en muchas ocasiones lograron victorias con todos los pronósticos en su contra. Sin embargo, los gobiernos-estado de la Iglesia Católica siempre podían mandar más ejércitos contra ellos. Finalmente se dieron cuenta de que en su situación, el tratar de cooperar con el gobierno no funcionaba. También era obvio que tratar de derrotar a los devastadores ejércitos de la Iglesia Católica Romana era un imposible. Por esto regresaron a su método de retirarse a los Alpes en tiempos de persecución.

Los Waldenses también tenían un corazón misionero, y los registros prueban que sus misioneros fueron a muchos países. Los misioneros Waldenses estuvieron entre los primeros colonizadores de Brasil, y viajaron a Escandinavia, Grecia, Rusia y África del Norte.

Muchos Waldenses se identificaban con los movimientos Anabaptistas del siglo XVI. Esta es la razón por la que esos movimientos crecieron bastante rápido. Otros se unieron a los Reformadores Protestantes durante el mismo periodo. Los Waldenses del norte de Italia se conservaron como un movimiento estricto y continúan hasta la fecha. Se mantienen evangélicos, pero la mayoría de ellos dejaron de ser Bautistas. Ellos normalmente son tolerados en el norte de Italia, pero en los 70's fueron arrestados ¡por predicar el Evangelio en Roma! Todos los Evangélicos, especialmente los Bautistas independientes, le deben mucho a los Waldenses.

Porque así como el cuerpo es uno, y tiene muchos miembros, pero todos los miembros del cuerpo, siendo muchos, son un solo cuerpo, así también Cristo. (1 Corintios 12:13) RVG

CAPÍTULO 17

EL SURGIMIENTO DE LOS ANABAPTISTAS

"Muchos son mis perseguidores y mis enemigos; mas de tus testimonios no me he apartado. Veía a los prevaricadores, y me disgustaba; porque no guardaban tus palabras." Salmo 119:157-158.

John Hus fue sacerdote de una iglesia Católica Romana en Praga (la Checoslovaquia moderna, que en esos días era un estado alemán). Obtuvo copias de los libros de John Wyclife y los estudió, y pronto adoptó sus puntos de vista. Esto llevó a Hus a un estudio serio del Nuevo Testamento, resultando en su conversión. Mientras Hus continuaba estudiando, llegó a convencerse de varios Distintivos Bautistas. Su fogosa predicación atraía a gran cantidad de seguidores. En esos tiempos la Iglesia Católica Romana estaba dividida entre dos papas que competían entre sí y se le daba poca atención a la persecución de gente que, como Hus, se apartaba de la doctrina y el dogma Católico. Hus fue libre para predicar la verdad durante varios años.

Finalmente, la iglesia establecida reconcilió sus diferencias, y poco tiempo después Hus fue excomulgado. Empezó entonces a predicar abiertamente la separación de la iglesia y el estado y fue forzado al exilio donde se dedicó a escribir libros de doctrina. Aceptó un salvoconducto al Concilio Católico Romano de Constance donde se determinó a compartir su punto de vista acerca de la salvación, la autoridad única de Las Escrituras y la separación de la iglesia y el estado. Sin embargo, debido a que era considerado un "hereje," no merecía ser tratado con honestidad, ¡así que fue condenado por el Concilio a morir quemado en la hoguera!

¡Cualquier Católico Romano podía mentir bajo juramento, en cualquier momento, en cualquier lugar si con ello ayudaba a la Iglesia Católica Romana! Para los Católicos Hus era un "hereje" porque rechazaba la misa, creía que la predicación se podía hacer en cualquier lugar, no solamente en los edificios de las iglesias, negaba la infalibilidad del papa y decía que los cardenales y papas eran innecesarios. Entonces, lo más razonable (razonable para los tiranos sedientos de sangre) era quemar a Hus en la hoguera.

Las iglesias alrededor de Praga desertaron del Catolicismo en grandes multitudes y se dividieron en dos grupos, los Utraquistas, que creían en la autoridad *final* de Las Escrituras, y los Taboritas, que también creían en la autoridad *única* de Las Escrituras. Ellos trajeron libertad a una región entera, sacándola de la iglesia establecida. Juntos formaron un ejército y vencieron a las tropas Católicas invasoras. El General Taborita, John Zizka, (quien era ciego) aún es considerado como uno de los más brillantes líderes militares de todos los tiempos. Una y otra vez venció a grandes ejércitos Católicos. Mientras los dos grupos trabajaron juntos nunca fueron vencidos. El territorio bajo su control continuó creciendo.

Varias disputas doctrinales surgieron entre los Taboritas que eran Bautistas y los Utraquistas que no lo eran. La iglesia Católica alentaba a los Utraquistas a volver a la iglesia establecida, prometiéndoles el derecho de practicar y predicar como quisieran, siempre y cuando reconocieran al papa como autoridad espiritual. Increíblemente, ellos aceptaron, y una guerra civil se desató entre los Utraquistas y los Taboritas. Los Utraquistas recibieron ayuda militar de los estados Católicos Romanos, y los Taboritas fueron vencidos. La región alrededor de Praga regresó entonces al control Católico.

Los Taboritas sobrevivientes se unieron con los Waldenses locales y formaron un grupo llamado Unitas Fratum. Cada iglesia era independiente y respondía únicamente a la autoridad única de Las Escrituras y a otros principios Bautistas. Después de algunas décadas, muchos Utraquistas se arrepintieron de su asociación con la Iglesia Católica Romana y se unieron a Unitas Fratum. De este grupo vinieron los Moravianos y los Anabaptistas alemanes. En una carta que explicaba su posición a Erasmo, los Taboritas dijeron: "Ellos no reciben ninguna regla aparte dela Biblia y no admiten a nadie en su comunión si no ha sido sumergido en agua."

En el siglo XV, un sacerdote italiano llamado Savonarola empezó a predicar la justificación por fe, la autoridad única de Las

Escrituras y en contra de la corrupción de la Iglesia Católica Romana. Tenía a toda Italia en revuelo, y para mantenerlo callado, el Papa Alejandro VI trató de sobornarlo ofreciéndole, ¡un birrete de cardenal! El valiente predicador le respondió que sí aceptaría un "birrete rojo" pero que debía ser un birrete teñido con sangre. Él dijo además que otro papa, Bonifacio VIII era un hombre perverso que comenzó su reinado como un zorro y lo terminó como un perro. Los emisarios del papa lo ataron a una hoguera y lo quemaron vivo, para después arrojar sus cenizas al río Amo. Sus últimas palabras fueron, "Jesús, Jesús."

Savonarola fue un predicador valiente; sin embargo, hay una parte extraña de su vida: ¡Fue un devoto Católico hasta el día de su muerte! Este es un buen ejemplo de un gran hombre que permaneció atado a una tradición que esclaviza a millones de almas. Nadie sabe si permaneció en la Iglesia Católica Romana debido a su familia, asociados o por otras razones. Dios dice, "...*salid de en medio de ellos, y apartaos*..." (28 Corintios 6:17).

Es interesante especular sobre hasta dónde el profundo sentido de lealtad de Savonarola a la autoridad única de Las Escrituras podría haberlo llevado si se le hubiera permitido seguir con vida y estudiar Las Escrituras por muchos años.

En Alemania, surgió un grupo llamado "La Hermandad de la Vida Común." Estaban dedicados a la autoridad única de Las Escrituras, fundaron escuelas para entrenar a la gente en el estudio de la Biblia, esperaban poder reformar al Catolicismo Romano desde adentro. Uno de sus más famosos líderes, John de Wessel, enseñaba la justificación por la fe, el sacerdocio de todos los creyentes, y desafiaba la autoridad de la Iglesia Romana Católica. Fue enviado a prisión y murió allí.

Otro muy conocido miembro de La Hermandad de la Vida Común fue Erasmo. Su trabajo en el Nuevo Testamento Griego y en la producción del Textus Receptus Influenció grandemente a Tyndale y a la traducción de la Biblia al inglés. Lutero tradujo el Nuevo Testamento al alemán basándose en los textos de Erasmo. Es el texto en Griego que fue usado en la traducción de la Biblia King James.

El Fiel Testigo Bautista

Los miembros de La Hermandad de la Vida Común no eran Bautistas, y no salieron del Catolicismo Romano para empezar iglesias independientes. Sin embargo, muchos de los alumnos de sus escuelas llevaron sus enseñanzas mucho más cerca a los principios Bautistas de lo que sus líderes habían planeado. Muchos de sus graduados se convirtieron en Anabaptistas. Erasmo incluso fue acusado de ser Anabaptista. Él lo negó, pero se opuso vigorosamente a la persecución en contra de los Anabaptistas y aceptó tener entre ellos a muchos amigos.

Para los siglos XV y XVI, el nombre Anabaptista se usaba para denominar a las iglesias independientes. En los círculos teológicos el término Anabaptista llegó a ser muy común durante varios siglos. Significaba re-bautizante. Usualmente se refería a aquellos que rechazaban el bautismo de infantes y bautizaban creyentes después de su profesión de fe. Esta era la práctica normal de la mayoría de las iglesias independientes. Entonces todos los Bautistas eran llamados Anabaptistas, pero no todos los Anabaptistas eran Bautistas (Unos de ellos negaban algunos de los Distintivos Bautistas). Desafortunadamente, en Alemania, el nombre Anabaptista era dado a cualquiera que enseñara la separación de la iglesia y el estado, aunque no practicara el bautismo de creyentes. Esto generó una gran confusión.

Es importante entender que los Anabaptistas no eran un movimiento nuevo. Algunos historiadores religiosos declaran que los Anabaptistas eran sólo un grupo más que surgió con la Reforma; pero los Anabaptistas no se veían a sí mismos de esta manera. Ellos reclamaban tener herencia en línea directa hasta los apóstoles, y hay abundante evidencia histórica que documenta su posición. Esto ha causado que muchos historiadores honestos, inclusive no Bautistas, acepten su antigüedad.

El historiador Luterano, Mosheim, escribió:

En primer lugar, los Menonitas no estaban del todo errados cuando presumían de una descendencia de los Waldenses, Petrobusianos y otros que usualmente son nombrados como testigos de la verdad antes de Lutero. Antes de la época de

Lutero, por toda Europa, pero especialmente en Bohemia, Moravia, Suiza y Alemania, había muchas personas en cuyas mentes estaba firmemente arraigado el mismo principio que mantuvieron los Waldenses, Wyclifitas y los Husitas. Algunos en secreto, otros más abiertamente; esto es: Que el reino que Cristo estableció en la tierra (la iglesia visible), es un grupo de personas santificadas, y que debido a esto deben ser totalmente libres, no sólo de personas impías y de pecadores, sino de todas las instituciones de procedencia humana. Este principio se encuentra en el fundamento que fue la fuente de todo lo que es nuevo y singular en la religión de los Menonitas; y la mayor parte de sus singulares opiniones, como está bien confirmado, fueron aprobadas varios siglos antes del tiempo de Lutero por aquellos que mantenían tales posiciones acerca de la iglesia de Cristo.

El Cuáquero, Robert Barclay, escribió:

Mostraremos que el surgimiento de los Anabaptistas tomó lugar antes de la Reforma de la iglesia de Inglaterra, y también hay razones para creer que en el continente Europeo, pequeñas sociedades Cristianas ocultas, que han mantenido muchas de las opiniones de los Anabaptistas, han existido desde los tiempos de los Apóstoles. En el sentido de la transmisión directa de la verdad divina, la verdadera naturaleza de la religión espiritual, parece probable que estas iglesias tienen un linaje de sucesión más antiguo que el de la iglesia Católica Romana.

Esa es una admisión increíble para un historiador no Bautista.

Varios concilios Católicos condenaron al movimiento Anabaptista por tener una antigüedad de varios cientos de años. Un cardenal Católico, el cardenal Hosius, quien participó en el famoso Concilio de Trento en 1560 d.C. escribió:

Si la verdad de la religión debe ser juzgada por la disposición y valentía que un hombre, de cualquier secta, demuestra en el sufrimiento; entonces la opinión y persuasión de ninguna secta puede ser más verdadera o segura que la de los Anabaptistas, porque no ha habido nadie que durante 1,200 años, haya sido más castigado, o que haya sufrido más valientemente y aun con gozo las persecuciones, Incluso ofreciéndose a sí mismos a las más crueles formas de castigo, que ellos.

Incluso Lutero, reconoció que el movimiento Anabaptista no era nuevo y que había existido por cientos de años en Alemania. Él aceptaba que John Hus también debía ser considerado como Anabaptista.

El gran científico, Sir Isaac Newton, fue también un estudiante de teología e historiador de la iglesia. Su estudio lo llevó a declarar que era su convicción que "los Bautistas son los únicos Cristianos que nunca se han identificado con Roma."

Es muy justo e históricamente correcto entender que la historia Bautista puede recordarse en fases, de acuerdo a los nombres con los que fueron llamados los predicadores Bautistas.

- La primera etapa es la apostólica y las iglesias del Nuevo Testamento y sus sucesores directos.
- Esta etapa condujo a los Catari, Celtas Cristianos, Montanistas, Novacianos, Donatistas y Paulicianos.
- Estos grupos conducen directamente a la tercera etapa: Waldenses, Lolardos, Albigenses, Petrabrusianios, Henricianos, Arnoldistas, Berengarianos, Taboritas y los Bogomils.
- En la cuarta etapa, a los predicadores de convicciones Bautistas se les llamó Anabaptistas.
- Ahora se les llama Bautistas.

En 1819, dos teólogos holandeses, miembros de la Iglesia Reformada, hicieron un estudio de los orígenes apostólicos que reclamaban los bautistas holandeses. Tal estudio los llevó a concluir:

> Nos hemos dado cuenta que los Bautistas, a quienes antes se les llamaba Anabaptistas, y después Menonitas, eran los Waldenses originales, y quienes por mucho tiempo en la historia de la iglesia han recibido el honor de ese origen. Por esto los Bautistas pueden considerarse como la única comunidad Cristiana que ha permanecido desde los días de los Apóstoles, y que, como sociedad Cristiana, ha preservado puras las doctrinas del Evangelio a través de las edades.

De manera que no solamente son los Bautistas los que claman tener una inquebrantable línea hasta la Iglesia del Nuevo Testamento, sino que inclusive algunos que no simpatizan con los Bautistas también lo reconocen.

Porque en él la justicia de Dios es revelada de fe en fe, como está escrito: Mas el justo por la fe vivirá.

(Romanos 1:17) RVG

CAPÍTULO 18

LAS IDEAS BAUTISTAS AYUDAN A CREAR
LA REFORMA

"Hermanos míos, tomad por ejemplo de aflicción y de paciencia a los profetas que han hablado en el nombre del Señor." (Santiago 5:10)

En el Siglo XVI el poder Católico Romano recibió una sacudida tan fuerte, de la cual aún no ha podido recuperarse. El Catolicismo Romano perdió el control de Escandinavia, Inglaterra, Suiza y Holanda y fue forzado a compartir el control con Alemania. Su autoridad fue retada en todo el continente europeo. Aun donde mantuvo alguna semblanza de control, su poder ya no volvió a ser ilimitado. Este periodo es comúnmente llamado La Reforma, y hubo muchos factores que ayudaron a crearlo.

El fracaso de la iglesia Católica Romana para mantener su organización despertó muchas preguntas en la mente de la gente. Continuamente había Papas rivales, anti-Papas y divisiones entre el liderazgo de la iglesia. Cuando más de un líder reclamaba ser el verdadero Papa creaban mucha confusión. Durante el periodo llamado "El Gran Cisma," hubo de hecho cuatro Papas rivales, cada uno apoyado por diferente Concilio Eclesiástico. Muchas bromas discretas eran dichas a expensas del respeto hacia el Papado. El fracaso total de las Cruzadas también causó que la gente cuestionara la infalibilidad de la iglesia y el Papa. Si el Papa realmente representaba la voluntad de Dios, ¿por qué habían fracasado tan miserablemente las expediciones a Palestina? ¿Acaso Dios carecía de poder, y la Iglesia Católica en realidad no hablaba de parte Suya?

La incapacidad de la iglesia establecida para destruir las iglesias independientes también levantó grandes preguntas en la mente de muchos. Toda la fuerza de los gobiernos, ejércitos, policía papal y asesinos a sueldo no pudieron aniquilar a los grupos

Bautistas y Evangélicos. Cientos de miles de ahorcamientos, quemas, apuñalamientos y decapitaciones no pudieron detener a los independientes. La quema de ciudades, pueblos y villas los obligó a refugiarse entre las montañas, pero tales medidas no pudieron exterminarlos.

La gente razonable también empezó a preguntarse por qué la Iglesia Católica Romana tenía tanto odio contra gente que estudiaba la Biblia o que eran pensadores independientes. Hay muchos testimonios del hecho que los Bautistas (y otros no conformistas) generalmente llevaban una vida más pura y eran los menos ofensivos en su conducta. ¿Por qué la iglesia establecida los odiaba tanto? La gente razonable también empezó a cuestionar la moralidad de la iglesia organizada a la vez que comenzaban a cuestionar su poder. El testimonio de los mártires Bautistas persiguió a la Iglesia Católica Romana durante todo el siglo XVI.

Sin duda el avivamiento del aprendizaje en Europa durante los siglos XV y XVI fue un reto para la iglesia. Este Renacimiento causó que la gente aprendiera a leer, estudiar y pensar por sí misma. A esto se le llamó humanismo, pero era muy diferente al humanismo secular del siglo XX. Los humanistas del Renacimiento simplemente se estaban liberando de las tradiciones oficiales de la Iglesia Católica Romana. Esto llevó a muchos a estudiar Las Escrituras por sí mismos.

Erasmo era un humanista (como Juan Calvino) que estudiaba la Biblia por sí mismo. Muchos de los líderes Anabaptistas suizos eran humanistas. Esto los llevó a estudiar Las Escrituras por sí mismos, lo que los condujo a los Waldenses, Petrobrusianos y los Albigenses de los Alpes. (Los que hoy se llaman humanistas implican ser libres de cualquier influencia de Dios y la Biblia. Cuando la gente empezó a preguntar "¿por qué?" se dieron cuenta que la Iglesia Católica Romana estaba, obviamente, escasa de respuestas. Cuándo la gente empezó a preguntar: "¿Dónde está eso en la Biblia?" La Iglesia Católica Romana no tenía una respuesta.

Durante el Renacimiento, cuando la gente empezó a estudiar la Biblia por sí misma, usualmente estudiaban la Vulgata Latina. Al aumentar el índice de alfabetización, la gente deseaba leer la Biblia en su propio idioma. Para el tiempo de Lutero, la alfabetización se había elevado ¡del diez al cincuenta por ciento! Los Waldenses habían traducido Las Escrituras a la mayoría de los idiomas europeos y las copias de sus traducciones eran muy apreciadas.

Aún doscientos años después de la traducción de La Biblia de Lutero, en Alemania todavía se usaba mucho la traducción alemana de los Waldenses. A no haber sido por los Bautistas Waldenses, la mayoría de los europeos no hubieran tenido ninguna oportunidad de estudiar Las Escrituras en su propio idioma.

Hubo muchas influencias que contribuyeron al avivamiento en Europa. Los Reyes y gobernantes querían edificar la unidad nacional haciendo que la gente leyera y pensara en su propio idioma. Muchos humanistas hacían esfuerzos por impulsar el estudio de los clásicos griegos. La iglesia Católica Romana ya no era lo suficientemente poderosa para impedir el aprendizaje. Una de las influencias más poderosas del Renacimiento fue el deseo de leer Las Escrituras. Las iglesias independientes habían influenciado a tanta gente que se había creado un gran deseo de leer la Biblia. La doctrina de la sola o única autoridad de Las Escrituras es de poco valor entre una población analfabeta. Sin duda, la doctrina Bautista de la sola autoridad de Las Escrituras contribuyó mucho a pavimentar el camino para el Renacimiento (avivamiento de aprendizaje) y el período de la Reforma en Europa.

La amplia insatisfacción contra los clérigos de la Iglesia Católica también fue fuertemente influenciada por la existencia de las iglesias independientes. Los sacerdotes y los monjes que trataban con la gente común frecuentemente eran analfabetos y no tenían entrenamiento, ni teológico ni Bíblico. Su papel principal era social y político, no religioso. Era muy común que ellos ni siquiera pretendieran piedad, o cuidado espiritual, ni siquiera la moralidad más básica. Esto fue lo primero que abrió los ojos a Martín Lutero acerca de que algo andaba mal con la iglesia establecida. Este fue el punto principal del llamado de Zwingli a la revuelta en Suiza, y fue el tema principal de los reformadores en Inglaterra.

Es cierto que durante este período las iglesias independientes tuvieron escándalos entre sus predicadores; sin embargo, debido a que eran independientes, ellos mismos podían arreglar sus problemas. No tenían que aceptar a un predicador sólo porque hubiera sido ordenado por alguna autoridad ante la cual la iglesia local era responsable. Las iglesias independientes simplemente podían quitar un pastor que no viviera a la altura de sus normas. Sus pastores también tenían Biblias para estudiar y normalmente tenían cierto entrenamiento teológico, muy seguido era un entrenamiento personalizado de parte de otro pastor. Normalmente el pastor era la persona más educada de la congregación. Los sacerdotes Católicos Romanos sufrían por la comparación.

La doctrina Bautista de la independencia de la iglesia local era una doctrina que contribuía en gran parte a las quejas de la gente común en contra de la corrupción dentro de la iglesia establecida.

Sin duda, la invención de la imprenta fue un factor principal para la llegada y propagación de la Reforma. Esto llegó a ser realidad en 1450 cuando Johann Gutenberg perfeccionó la impresión de caracteres móviles. En 1455, produjo la Biblia Gutenberg, conocida por algunos como la Biblia de los 42 renglones porque ésta tenía 42 renglones por página. La impresión aumentó dramáticamente las oportunidades para que los maestros de cualquier persuasión propagaran su mensaje, y los Bautistas se apresuraron a usar la página impresa. Se distribuyeron, entre la población general, folletos y libros de fuentes Bautistas. Cuando la persecución limitó las publicaciones de las Iglesias Bautistas Independientes, las iglesias Reformadas y Luteranas tomaron el liderazgo de las publicaciones religiosas. Después, en el siglo XVI, la Iglesia Católica Romana hizo un mayor esfuerzo para proveer material impreso para las masas.

Las doctrinas Bautistas de la libertad del alma y del sacerdocio de los creyentes influenció la actitud de los Bautistas hacia las publicaciones. Mientras que otros movimientos religiosos trataban de avanzar apelando a los líderes políticos o religiosos, los Bautistas apelaban a todo mundo. Algunos historiadores creen que si los Protestantes (y después los Católicos Romanos) no hubieran usado el recurso de las publicaciones, los Bautistas hubieran llegado a ser el grupo dominante en Europa.

En la América moderna, donde todos están acostumbrados a tener sus propias opiniones en cuanto a religión, es difícil imaginar la influencia que tuvieron estas doctrinas. Aquellos a quienes siempre se les dijo que no pensaran, leyeran o preguntaran, ahora se les dice que son iguales ante Dios. Aquellos a quienes se les veía como demasiado insignificantes para dar sus opiniones, ahora se les ve como individuos que pueden pensar por sí mismos. Ahora no cabe duda del por qué la gente común acudía por multitudes a las asambleas Bautistas y otras independientes. Esto obligó al liderazgo Protestante y hasta a los Católicos Romanos a apelar directamente a la gente común.

Las ideas Bautistas tenían tal influencia sobre la población de Europa durante el final del siglo XV y principios del XVI que fueron una fuerza principal en la creación de la Reforma. Aun Lutero y Zwingli trabajaron con los Bautistas durante los días iniciales de la Reforma; sin embargo, las ideas Bautistas no ganaron de inmediato la faena. La sangrienta represión de los Bautistas y otros independientes de parte de los Reformadores Protestantes y el liderazgo Católico Romano pusieron a toda Europa (excepto Holanda) bajo el control de las iglesias del estado; sin embargo, en un sentido muy real, los Bautistas ganaron esta batalla. Hoy en día, la idea de la libertad individual, la religión personal y la separación de la iglesia y el estado, o al menos la tolerancia religiosa, son muy comunes en Europa. Hasta en los países Católico Romanos como España e Italia, es relativamente fácil retar a la iglesia establecida. Muchos protestantes hasta reclaman ser los que trajeron la libertad personal y la separación de la iglesia y el estado a Europa. Esta declaración, por supuesto, ignora el antecedente histórico. El liderazgo Protestante peleó contra tales ideas Bautistas, pero eventualmente los forzaron a capitular.

La herencia de los Bautistas y otros independientes fue una fuerza principal en la creación del concepto de la libertad, de la cual el mundo occidental disfruta hoy. Todos aquellos que no son Bautistas debieran quitarse el sombrero cada vez que pasan frente a una Iglesia Bautista porque a ellos deben su libertad.

El Fiel Testigo Bautista

pero recibiréis poder cuando haya venido sobre vosotros el Espíritu Santo; y me seréis testigos, a la vez, en Jerusalén, en toda Judasa, en Samaria, y hasta lo último de la tierra. (Hechos 1:8) RVG

CAPÍTULO 19

EL FIEL TESTIGO BAUTISTA

"que por fe conquistaron reinos, hicieron justicia, alcanzaron promesas, taparon bocas de leones, apagaron fuegos impetuosos, evitaron filo de espada, sacaron fuerzas de flaqueza, fueron hechos fuertes en batallas, hicieron huir ejércitos extranjeros. Las mujeres recibieron sus muertos por resurrección; mas otros fueron torturados, no aceptando el rescate, a fin de obtener mejor resurrección. Otros experimentaron vituperios y azotes; y a más de esto cadenas y cárceles. Fueron apedreados, aserrados, probados, muertos a espada; anduvieron de acá para allá cubiertos de pieles de ovejas y pieles de cabras, pobres, angustiados, maltratados; de los cuales el mundo no era digno; errantes por los desiertos, por los montes, por las cuevas y por las cavernas de la tierra. Y todos éstos, aunque obtuvieron buen testimonio mediante la fe, no recibieron la promesa; proveyendo Dios alguna cosa mejor para nosotros, para que no fuesen ellos perfeccionados sin nosotros." Heb. 11:33-40

Aún no hemos estudiado a algún grupo Bautista que no haya sufrido persecuciones brutales y violentas. Los más famosos perseguidores de los Bautistas de los que hemos estudiado incluyen a:

- *Nerón,*
- *Marco Aurelio,*
- *Justiniano,*
- *Emperatriz Teodora,*
- *Diocleciano,*
- *Papa Inocencio III,*
- *Carlo Magno, y*
- *Agustino.*

El Fiel Testigo Bautista

Los perseguidores de los Bautistas de los que aún no hemos hablado incluyen a:

- *Martín Lutero,*
- *Juan Calvino,*
- *Ulrich Zwingli,*
- *Enrique VIII*
- *Bloody Mary,*
- *Reina Elizabeth,*
- *Luis XIV*
- *Carlos I*
- *Carlos II*
- *Napoleón,*
- *Adolfo Hitler,*
- *José Stalin,*
- *Mao Tse Tung, y*
- *Fidel Castro.*

Los nombres de perseguidores de los Bautistas se leen en la lista de "Quién es quién" en la historia mundial. Los Bautistas han sido perseguidos por:

- *Tribus paganas,*
- *El Imperio Romano,*
- *La Iglesia Católica Romana,*
- *Musulmanes militantes,*
- *Protestantes y,*
- *Comunistas.*

Los Bautistas también han sido perseguidos por:

- *La fe Judía,*
- *La Iglesia Católica establecida,*

- *Los Musulmanes,*
- *Luteranos,*
- *Iglesias Reformadas,*
- *La Iglesia de Inglaterra,*
- *La Iglesia de Escocia,*
- *Los Puritanos de la Colonia de la Bahía de Massachusetts, y*
- *La Iglesia Anglicana de las colonias de Virginia, Carolina del Norte y del Sur, y otros.*

Los Bautistas han sido perseguidos por:

- *Emperadores,*
- *Reyes,*
- *El Sanedrín Judío,*
- *Sacerdotes,*
- *Papas,*
- *Predicadores,*
- *Líderes militares,*
- *Dictadores,*
- *Reinas,*
- *Sheiks, y*
- *Ayatolas (supuestos maestros santos de los Musulmanes).*

Ha habido persecuciones a gran escala de grandes grupos Bautistas en:

- *Asia,*
- *África del Norte,*
- *Casi todos los países de Europa,*

- *Centro y Sur América, y*
- *Muchas de las primeras colonias de Estados Unidos.*

Los Bautistas han sido:

- *Crucificados,*
- *Decapitados,*
- *Quemados en la Hoguera,*
- *Lanzados a animales salvajes,*
- *Muertos de inanición,*
- *Apuñalados,*
- *Apedreados,*
- *Golpeados,*
- *Ahogados, y*
- *Torturados hasta la muerte.*

Son muchas las olas de violencia que han sido dirigidas contra los Bautistas y otros grupos.

- La primera ola de violencia fue dirigida por los judíos.
  El Sanedrín, que se reunía en Jerusalén, mataba a los Cristianos y los acosaba a través del Imperio Romano.
- Una segunda ola de violencia se dio en el Imperio Romano mediante persecuciones locales y tal vez en otras regiones también.

Las enseñanzas del Cristianismo amenazaban los intereses de la falsa religión y de los dictadores mezquinos.

- Una tercera ola de violencia se inició cuando el Cristianismo empezó a llamar la atención del Imperio Romano.

Algunos Césares trataron de destruir aquello que no podían entender o controlar. Las tres primeras olas, por supuesto, fueron dirigidas al Cristianismo en general. La ola de persecuciones siguiente tuvo un carácter completamente diferente. Esta ola de violencia se repitió continuamente a lo largo de la Edad Oscura.

- La Iglesia Católica Romana persiguió "en el nombre de Cristo" a los Bautistas y a otros movimientos independientes.

Ellos reclamaban que esto era necesario para preservar "La verdadera Iglesia."

- Una quinta ola de persecución vino durante la Reforma cuando Católicos, Protestantes y Anglicanos se unieron para destruir a cualquiera que hablara a favor de la libertad religiosa.

Aun cuando estos grupos eran acérrimos enemigos entre sí, seguido cooperaban en sus intentos por destruir a todo el que apoyara la separación de la Iglesia y el estado.

- Una sexta ola de violencia vino a causa de los avances comunistas en el siglo XX.

De nuevo, esta forma de persecución ha sido dirigida contra todas las formas del verdadero Cristianismo. Millones de Cristianos han sido asesinados por los comunistas en:

- Rusia,
- Europa oriental,
- China,
- Etiopía,
- Cuba,
- Asia Sur Oriental, y
- Nicaragua.

El Fiel Testigo Bautista

Esta ha sido, por mucho, la más sangrienta, brutal y larga persecución de la historia en contra de los Cristianos. Los más famosos mártires Bautistas incluyen a:

- Juan el Bautista,
- Esteban,
- La mayoría de los Apóstoles,
- Los precursores de las primeras iglesias como Policarpo e Ireneo,
- Pedro de Bruys,
- Constantino de los Paulicianos,
- Arnoldo de Brésica,
- Félix Manz,
- Baltasar Hubmaier, y
- Jorge Blaurock,

Hombres como Pedro Waldo y Menno Simmons murieron en el exilio. El encarcelamiento de hombres como Juan Bunyan, Melchoir Hoffman y Enrique de Lausanne destacan en la historia de la libertad religiosa.

Nadie saber a ciencia cierta cuántos han muerto en los últimos dos mil años, por sus convicciones Bautistas, pero se puede decir con seguridad que la cifra ¡asciende a millones!

No es fácil entender por qué los Bautistas han sido tan odiados. J.M. Cramp, en su Historia Bautista, nos explica:

Los Bautistas del siglo XVI, generalmente, eran una comunidad bondadosa, recta y honorable. No odiaban a nadie. Pero todos los odiaban. ¿Y Por qué? Porque testificaban en contra de las abominaciones de los tiempos, y deseaban lograr cambios que hubieran revolucionado a la sociedad, porque ésta estaba construida sobre principios anticristianos que no estaban "de acuerdo" con la Palabra de Dios. Un reclamo se levantó en contra de los Bautistas, como si fueran "la escoria de todas las cosas," y su sangre se derramó como el agua. Incluso los Reformadores escribían y actuaban en contra de ellos. Los escritores de esa época buscaban los adjetivos más degradantes e insultantes que el lenguaje permitía y se los aplicaban con maligno regocijo. Latimer habla de las "perniciosas" y "diabólicas" opiniones de los Bautistas. Hooper llama a esas opiniones "malditas." Becan advierte de los Anabaptistas y los tilda de ser "malévolos," "astutos hipócritas," "maldita secta," "mentirosos," "asesinos sangrientos del alma y del cuerpo," cuyo sistema religioso es como "una plaga infecciosa." El usó estas y muchas otras expresiones vulgares que no podemos repetir. Bullinger los denomina como "obstinados," "rebeldes," "enfermos mentales," "frenéticos," "sucios engañosos." Zwingli habla de la "pestilente semilla de sus doctrinas," y su "hipócrita humildad," su hablar es "más amargo que la hiel." ¡Pero ya basta de esto! Estos hombres valientes, a pesar de todo, pudieron apelar a aquellos que presenciaron sus sufrimientos, declarando valientemente, con el hacha o la hoguera a la vista, y sin aventurarse a contradecir, que no fueron asesinados por ninguna mala obra, sino por causa del Evangelio.

La simple fe bíblica de los Bautistas ha testificado en contra de los errores en otros sistemas religiosos. Sus reclamos por la libertad, personal y religiosa, han encolerizado a aquellos que han tenido control sobre otros hombres.

El estudio de la historia Bautista pone en claro una verdad vital: Muchas veces es necesario pagar un terrible precio por la verdad. No hay promesa de que será fácil para los fieles. Es muy difícil para nosotros digerir esta verdad pues por más de doscientos años hemos tenido el privilegio de obedecer nuestras convicciones religiosas, dirigir nuestras vidas, hacer nuestras decisiones y planear nuestro propio futuro. En ocasiones ha habido acoso de parte del gobierno civil, pero normalmente no es así. Nadie nos garantiza que esto será siempre una realidad.

Este período de libertad, es prácticamente una curiosidad histórica. Va en contra de todas las lecciones normales de la historia. Los seres humanos normalmente usan cualquier método a su alcance para evitar que sus faltas sean expuestas. En 1521, William Reublin, un predicador Anabaptista de Suiza, empezó a predicar abiertamente la verdad bíblica. Por nombre fue llamando al Papa, a los Obispos y al clero local para que desaprobaran sus posiciones doctrinales de la Biblia. En vez de contestar a su reto, ellos lo desterraron del área, pero él se fue a otro pueblo Suizo y repitió el mismo proceso. De nuevo fue desterrado. Esto sucedió una tercera vez, y finalmente fue ejecutado. Cuando las leyes, el acoso y el destierro no lo silenciaron, pensaron que la ejecución era lo más razonable. Después de todo, de acuerdo con los tiranos, los "herejes" no tenían derecho a vivir. Reublin había sido expulsado dos veces por Católicos, una vez por Protestantes y finalmente fue ejecutado por ellos.

Seguido, los perseguidores expresaron gran tristeza por haber sido "forzados" a perseguir a los no conformistas, sin tener "otra opción." Jerome Bolsee, un doctor en Génova, Suiza, empezó a retar las explicaciones de Juan Calvino acerca de la predestinación y la elección. (Es debatible si Bolsee era o no un Anabaptista) Cuando Calvino no pudo convencerlo para que cambiara su doctrina, él y el Concilio de la ciudad de Génova lo arrestaron. Después de un largo juicio fue desterrado, de por vida, de Génova. No mucho después de que Bolsee fuera desterrado, Miguel Servetus fue ejecutado en Génova por mantener visiones "heréticas" de la Deidad de Cristo (de hecho él negaba la Deidad de Cristo) y el bautismo (se oponía al bautismo de infantes). Calvino expresó gran tristeza por ambos incidentes. Él no podía (o no quería) permitir que la gente estuviera en desacuerdo con su pensamiento, así que no tuvo otra opción, y tuvo que participar en estas y otras persecuciones. Hay algo acerca del orgullo de las personas que hace difícil que toleren a un detractor. Por eso a ninguna persona se le puede confiar el poder absoluto, ni siquiera a predicadores evangélicos como Martín Lutero, Juan Calvino y Ulrich Zwingli.

Calvino y Lutero pusieron su sello de aprobación en la ejecución de los Bautistas, Y Zwingli también participó en dicha persecución. No importa si es un Emperador Romano, un jefe local, un dictador fascista, el Papa católico, uno obispo o un reformador protestante; a ningún ser humano se le puede confiar el control de la vida personal, creencia religiosa o la conciencia de otros seres humanos. Los Bautistas se distinguen en los anales de la historia religiosa y secular por jamás haber perseguido a otros. Esto no debido a que fueran inmunes a las tentaciones del orgullo y la naturaleza humana, sino por su sistema de separación de la iglesia y el estado, el cual otorga a todos la libertad religiosa. Dios nos dio ese enfoque del gobierno y de la fe porque Él conoce las debilidades de los hombres.

La verdad nunca puede ser suprimida por leyes, decretos, acosos, prisiones o destierros. Quienes deseen suprimir la libertad de expresión, religión y libertad personal, siempre deben estar dispuestos a recurrir a las ejecuciones, y lo han hecho a través de las edades.

A lo largo de la historia siempre ha habido un puñado de valientes y líderes políticos que se han levantado por la libertad personal. Muchos hombres se han destacado por su lucha a favor de la libertad religiosa y personal. Entre ellos están:

- *William el Silencioso,*
- *Enrique de Navarra,*
- *Guillermo III de Orange,*
- *Oliverio Cromwell, y*
- *Patricio Henry*
- *entre muchos, muchos otros.*

Sus esfuerzos ayudaron a traer las bendiciones de la libertad personal y religiosa a diferentes grupos durante varios periodos de tiempo. Sin embargo esta no es la norma común.

Los Bautistas han sido el máximo reto a las tiranías, en todas sus formas. La única forma efectiva de callar a los Bautistas ha sido dándoles muerte. Por esto, la historia Bautista ha sido escrita en un "Rastro de Sangre." La historia de hombres y mujeres valientes que han enseñado la autoridad única de Las Escrituras, el bautismo de los creyentes, iglesias independientes, separación de la iglesia y el estado, el sacerdocio de todos los creyentes y la libertad del alma, es una historia de derramamiento de sangre.

- La sangre de los Celtas Cristianos fue derramada por todas las islas Británicas;
- El medio oriente está manchado con la sangre de los primeros Cristianos, los Paulicianos y misioneros, desde el siglo primero hasta la era moderna.
- Europa ha visto las sangrientas muertes de los Montanistas, Novacianos, Albigenses, Cataris, Bogomils, Waldenses, Arnoldistas, Petrobrusianos, Henricianos, Anabaptistas y Bautistas.
- La historia inglesa de su tradición de libertad está llena de las muertes de los Lolardos, Anabaptistas y Bautistas.

Inclusive en nuestra era moderna, en gran parte del mundo, los Bautistas no están a salvo de persecuciones. Por ejemplo, en los países comunistas como China, Corea del Norte, Cuba y en la mayoría de los países musulmanes los Bautistas sufren persecución. Hay ciertos rumores de un fuerte descontento contra los Bautistas independientes y otros no conformistas en nuestro "mundo occidental," especialmente en los Estados Unidos. Nadie sabe por cuánto tiempo más, los Bautistas modernos en América, podrán disfrutar de este período, sin precedente, de libertad para creer, enseñar y practicar la verdad Bíblica.

La historia de los Bautistas ha sido escrita con sangre, así que es de sabios encarar honestamente lo que el futuro nos tiene reservado. Debemos orar para que la libertad y las bendiciones continúen. Debemos trabajar diligentemente para mantener las libertades que ahora disfrutamos, pero también debemos estar espiritualmente preparados para cualquier eventualidad que hayamos de enfrentar. La historia Bautista ciertamente ha sido un

"Rastro de Sangre." Nuestro futuro también puede ser, "Un Rastro de Sangre."

Por tanto, os ruego hermanos por las misericordias de Dios, que presentéis vuestros cuerpos en sacrificio vivo, santo, agradable a Dios, que es vuestro servicio racional. Y no os conforméis a este mundo; mas transformaos por la renovación de vuestra mente, para que comprobéis cuál sea la buena voluntad de Dios, agradable y perfecta. (Romanos 12:1-2) RVG

CAPÍTULO 20

LA REFORMA

"Estas cosas os he hablado para que no os escandalicéis. Os echarán de las sinagogas; y aun viene la hora cuando cualquiera que os mate, pensará que rinde servicio a Dios. Y esto os harán, porque no han conocido al Padre, ni a mí. Pero os he dicho esto, para que cuando llegue la hora, os acordéis que yo os lo había dicho; pero esto no os lo dije al principio, porque yo estaba con vosotros." Juan 16:1-3

A comienzos del siglo XVI el escenario religioso en Europa era un caos. Este hecho fue la plataforma para un resurgimiento que resultó en grandes cambios políticos y religiosos. La figura más importante de este siglo fue sin duda Martín Lutero.

En 1505, Lutero fue admitido a un monasterio, donde empezó un profundo estudio acerca de la vida cristiana y la doctrina de la iglesia establecida. Él buscaba algo que trajera la paz a su angustiada alma. Durante veinte años él había buscado incesantemente la paz a través de buenas obras, penitencias, la Iglesia Católica Romana y el estudio académico. Finalmente, se convirtió en maestro de estudios bíblicos en la Universidad de Wittenberg, sin encontrar ninguna satisfacción personal.

En el curso de sus estudios, Lutero llegó al entendimiento de la justificación por la fe, y comenzó a enseñarla a otros, encontrando un buen número de gente entusiasmada acerca de esa verdad. Lutero dio testimonio de haberse convertido a Cristo y de haber experimentado personalmente la justificación por la fe en la obra consumada por Cristo.

La enseñanza Católica Romana acerca de las indulgencias era una tradición, por mucho tiempo establecida, que iba en contra de la enseñanza de la fe de la Biblia. Las indulgencias significaban que el dinero podía ser usado para comprar la liberación de una persona o de sus seres queridos después de un tiempo en el purgatorio, y era una parte fundamental de la religión Católica. También era una parte importante de su plan financiero. Lutero enseñaba la justificación por la fe en Wittenberg al mismo tiempo que el mayor programa de indulgencias de la Iglesia Católica Romana llegaba a Alemania.

Un sacerdote Católico, Johann Tetzel, ofrecía ahora la mayor indulgencia: Si pagabas la suma correcta de dinero, tus seres queridos serían inmediatamente liberados del purgatorio y admitidos en el Cielo. Este fue un reclamo tan escandaloso que mucha gente se opuso abiertamente a Tetzel. Lutero escribió sus famosas "Noventa y cinco Tesis" (puntos a considerar) y las clavó en la puerta de la iglesia en Wittenberg. Estos puntos cubrían la justificación por fe, la autoridad única de Las Escrituras y atacaban al concepto de las indulgencias en general y a la reciente recaudación de fondos de Tetzel en particular. Sus noventa y cinco tesis fueron copiadas, impresas y distribuidas por toda Alemania. Esto sirvió como catalizador para las ya extendidas frustraciones en contra de la Iglesia Católica Romana. El desafiar a la iglesia se hizo algo común, público y normal en toda Alemania.

Por varios años, Lutero se envolvió en debates teológicos con el liderazgo Católico hasta que ordenaron su arresto bajo el cargo de "herejía." Un noble alemán lo escondió y protegió por varios meses mientras traducía el Nuevo Testamento al alemán y trabajaba en sus posiciones doctrinales formales. A través de toda Alemania, nobles y gente común rompieron lazos con la Iglesia Católica Romana.

Algunos se le opusieron por razones religiosas, otros por razones políticas y otros por razones económicas. Las iglesias independientes florecieron y al principio se unieron a Martín Lutero en su lucha por la libertad religiosa.

Dos cosas cambiaron este rumbo. Primero, la revuelta de los campesinos molestó a muchos nobles alemanes. Dirigidos por Thomas Munzer, muchos campesinos alemanes se rebelaron, tratando de establecer un país libre. Ellos estaban aplicando lógicamente los principios de libertad personal y religiosa que Lutero y los predicadores independientes enseñaban. Los campesinos esperaban que Lutero se les uniera (o hasta los dirigiera), y muchos ¡se sorprendieron en gran manera al ver que se unía a "la nobleza" tiránica!

La revuelta de los campesinos fue rápidamente aplastada, y debido a que mucha gente de las iglesias independientes participó en la revuelta, "la nobleza" Luterana y Católica, empezó a sentir un especial temor hacia la libertad religiosa.

Segundo, debido a que las iglesias habían sido la mayor fuente de organización social, todas las áreas de la vida estaban en proceso de cambio, aun la gente más anticatólica empezó a buscar formas de reorganizar la sociedad. Lutero abandonó el concepto de la libertad religiosa, y empezó a organizar al Luteranismo como una alternativa al Catolicismo Romano. Esto fue muy satisfactorio para la mayoría de los nobles porque prevenía la libertad religiosa (que temían podría llevar a la libertad política) y les daba un espacio contra del poder de la Iglesia Católica.

Muchos nobles simplemente ofrecieron su respaldo a cualquiera de las iglesias-estado que más cooperara con ellos. Muchas regiones cambiaron sus lealtades, tan seguido como se hacían nuevos tratos entre Príncipes y líderes de las iglesias. Cada Príncipe esperaba que los ciudadanos de su estado apoyaran la religión que éste apoyaba. Las iglesias independientes y los predicadores eran sistemáticamente destruidos por ambos grupos.

El recuento de los siguientes doscientos años de historia alemana, es la lucha, tanto militar como política, de las iglesias-estado Luteranas y Católicas por controlar las diversas regiones de Alemania. El Emperador Carlos V parecía impotente de mantener unida a la nación. El miedo de que Alemania fuera invadida por los Musulmanes (que ya controlaban parte de Europa del Este) llevó a una tregua entre los Católicos y Luteranos. Finalmente la paz fue alcanzada que permitía a los ciudadanos alemanes escoger entre el Catolicismo Romano o el Luteranismo, pero sin otra alternativa. Aún en nuestros días, a los ciudadanos alemanes les es requerido diezmar para la Iglesia Luterana o la Católica Romana.

La rebelión abierta en contra del Catolicismo Romano rápidamente se extendió a otros países hasta no quedar un solo país sin ser afectado por ella. En Suiza, los independientes y reformadores pelearon juntos para liberarse de la Iglesia Católica. De hecho hubo más de veinte campañas militares en un período de siete años. La mayor parte de Suiza se hizo protestante, guiados por Ulrich Zwingli en la formación de una iglesia-estado Evangélica Protestante. Zwingli tuvo problemas con sus antiguos aliados (los Independientes). Poco después la Iglesia Protestante se encontraba persiguiendo a los Independientes, con más severidad que los Católicos. Zwingli murió en su última batalla contra las fuerzas Católico Romanas y Suiza se convirtió en Protestante.

En Flanders (La Holanda moderna, Bélgica y Luxemburgo), la guerra civil empezó entre Católicos Romanos, Protestantes e independientes. Los no Católicos ganaron el control de la Holanda moderna, y el resto del área permaneció bajo el dominio Romano. Bajo el liderazgo de Guillermo el Silencioso, en Holanda no se estableció ninguna iglesia-estado y la libertad religiosa se convirtió en ley. Los Evangélicos, Independientes y Protestantes empezaron a crecer en influencia en España e Italia, sin embargo, nunca llegaron a ser una fuerza importante, política o militar en ninguno de los dos países. Hacía finales del siglo XVI, estos movimientos fueron aplastados por la persecución.

Un francés, Juan Calvino, se convirtió en un importante maestro de la Biblia y líder en Suiza. Popularizó un sistema teológico con un fuerte énfasis en la predestinación, el bautismo de infantes y un estado dominado por la iglesia. A este sistema se le recuerda por su nombre, Calvinismo. Sus habilidades como pensador, maestro, escritor y líder nunca han sido puestas en duda; sin embargo, su sistema era muy diferente al de los Bautistas. Mientras que ambos grupos están de acuerdo en los puntos básicos de la fe Cristiana, difieren en cada punto de los Distintivos Bautistas (excepto en la cena del Señor y tal vez, en el sacerdocio de todos los creyentes). El sistema teológico de Calvino pronto se convirtió en la creencia dominante entre todos los Protestantes Suizos.

Las ideas de Calvino se extendieron a Francia, y sus seguidores pronto se convirtieron en el grupo de Protestantes más visible de Francia. Varios miembros de la nobleza, incluyendo a una reina y a dos princesas, se volvieron Protestantes. La familia

Bourbon, compuesta de poderosos nobles, se hicieron Protestantes, e ¡incluso el Cardenal Católico Romano de Francia se convirtió en Protestante! Su hermano, el Almirante Gaspard de Coligny, también lo hizo. A de Coligny se le consideraba el más grande líder militar de Francia, y era muy popular entre marinos y soldados. Su identificación con los Protestantes hizo que la Iglesia Católica se anduviera con más cuidado en cuanto a las persecuciones. Los calvinistas Franceses fueron llamados hugonotes.

Parecía que los Protestantes podían tomar a Francia de la misma manera que habían tomado a Suiza. Las persecuciones, ejecuciones y asesinatos se dirigían a los Protestantes y miles de Waldenses, todavía activos en el sur de Francia, fueron masacrados. Se desató la guerra civil y los Protestantes fueron vencidos, pero no del todo. Se les dieron regiones para estar a salvo, y a Coligny se le dio una posición en el gobierno. Mientras los protestantes volvían a crecer en poder, una nueva persecución se desató, y el veinticuatro de Agosto de 1572, Coligny fue asesinado. Poco después de su muerte, un ataque organizado contra los protestantes azotó a Francia ¡con 50,000 muertos en un solo día! Esto es recordado como el día de la masacre de San Bartolomeo. A este suceso lo siguió una guerra civil de casi veinte años.

Finalmente, la paz vino. Enrique de Navarra, un Bourbon noble y líder militar de los Protestantes, hizo un trato con el Papa y la nobleza. Se convirtió al Catolicismo y fue reconocido por todos como rey. Inmediatamente concedió la libertad religiosa a todos, y durante sesenta y cinco años Francia tuvo libertad religiosa. El Catolicismo eventualmente se convirtió otra vez en la Iglesia establecida.

En Escocia, predicadores evangélicos como Patrick Hamilton y George Wishart pusieron a la gente en contra del Catolicismo Romano, y ambos fueron quemados en la hoguera. Finalmente, el poder de la Iglesia Católica Romana fue quebrado por una coalición de Luteranos, Calvinistas e Independientes dirigida por el Calvinista John Knox. Pronto el Calvinismo se convirtió en el movimiento religioso dominante en Escocia y se estableció una Iglesia estatal Calvinista. Sin embargo, los Independientes eran perseguidos vigorosamente.

El Fiel Testigo Bautista

Los países escandinavos (Dinamarca, Suecia, Noruega, y Finlandia) fueron conquistados por los Luteranos y éstos establecieron iglesias Luteranas estatales. Los Luteranos también ganaron el control temporal de Polonia, que tiempo después se regresó al Catolicismo Romano. Hungría abrazó brevemente la libertad religiosa, luego el Protestantismo, y después fue recuperada por la Iglesia Católica.

La reforma de Inglaterra iba a jugar un papel muy importante en la fundación de los Estados Unidos. Los Lolardos y la Biblia en inglés traducida por Tyndale habían preparado a Inglaterra para su rompimiento con Roma. Separatistas, Bautistas y Evangélicos de entre la Iglesia establecida se oponían a la supremacía del Papa y a las doctrinas Católicas; sin embargo, la Reforma en Inglaterra tomó un carácter decididamente político.

Enrique VIII quería divorciarse de su primera esposa, Catherine (cuyo sobrino, Carlos V, era el principal apoyo del Papa en Europa, aparte de que ella misma era una devota Católica). Enrique quería casarse con Anna Bolena, que pertenecía a una familia Evangélica. Enrique nunca había sido amigo de la Reforma, habiendo sido entrenado como teólogo Católico. También había escrito un libro en contra de Lutero, y el Papa le había dado el título de "Defensor de la Fe." Pero ahora Enrique se rebelaba contra el Papa, declarando ser el líder de la Iglesia de Inglaterra, se divorció de Catherine, y se casó con Anna. Protestantes y Católicos compitieron por ganar influencia en la recién organizada Iglesia de Inglaterra.

Las pasiones de Enrique, sus tratos políticos y sus principios teológicos permanecían en un estado de constante cambio. Pronto mandó ejecutar a Anna para después casarse con otras cuatro mujeres; dos Protestantes, una Católica y una Luterana. Sus convicciones teológicas cambiaban con cada matrimonio. Primero un grupo dominaba en la iglesia y luego el otro. En cada cambio había una ola de encarcelamientos, desapariciones y ejecuciones. ¡Enrique mandó matar a viejos amigos, socios que antes eran de su plena confianza y a otra de sus esposas! William Tyndale primero fue protegido y luego fue perseguido. Después fue arrestado en Antwerp (parte de la Bélgica moderna) y ejecutado bajo el total consentimiento del rey inglés. El curso de la Iglesia de Inglaterra no iba a ser afianzado durante la vida de Enrique.

Su hijo, Eduardo VI, otorgó la libertad religiosa y se identificó abiertamente con los Evangélicos de la iglesia. Detuvo la persecución contra los Bautistas que su padre había extendido a través de todas sus fases. Eduardo murió tras haber reinado durante sólo seis años y su hermana María lo sucedió. Ella trató de restablecer el Catolicismo Romano en Inglaterra y es recordada como "María la Sanguinaria" debido a sus frecuentes ejecuciones de predicadores Evangélicos y Bautistas. Ella incluso hizo que el cuerpo de John Wycliffe fuera exhumado y sus restos quemados en la hoguera. Ella murió cinco años después de haber llegado al trono y fue remplazada por su hermana Elizabeth. Ésta, de nuevo puso a los Protestantes en control de la Iglesia de Inglaterra, mientras que los Evangélicos y Anglicanos (quienes aún enseñaban mucha de la doctrina Católica) tenían que compartir el liderazgo de la iglesia. Ella persiguió vigorosamente a los Bautistas y a otros independientes como los Cuáqueros.

Los Cuáqueros eran un grupo comenzado por Jorge Fox, quien era hijo de padres Bautistas. Él estaba en desacuerdo con los Bautistas en la autoridad única de Las Escrituras y en el bautismo por inmersión y es muy recordado por su elocuente defensa de la separación de la Iglesia y el Estado.

El deseo de escapar la persecución llevó a muchos ingleses a mudarse a Holanda para de allí colonizar el territorio al Oeste del Océano Atlántico (América). Este deseo de libertad religiosa fue uno de los factores más importantes en la creación de los Estados Unidos de América.

Porque así como el cuerpo es uno, y tiene muchos miembros, pero todos los miembros del cuerpo, siendo muchos, son un solo cuerpo, así también Cristo. (1 Corintios 12:12) RVG

CAPÍTULO 21

LOS ANABAPTISTAS SUIZOS

"Amados, no os extrañéis acerca de la prueba de fuego la cual se hace para probaros, como si alguna cosa extraña os aconteciese; antes bien regocijaos en que sois participantes de los padecimientos de Cristo; para que cuando su gloria sea revelada, os regocijéis con gran alegría." 1Pedro 4:12-13

Muchos años antes de que Zwingli y La Reforma se hicieran prominentes en Suiza, las ideas Bautistas se habían esparcido por toda la región. Estas ideas impulsaron a un grupo de jóvenes que se reunían en Zurich a estudiar el Nuevo Testamento en griego, comparando Las Escrituras con la creencia del bautismo sólo para los creyentes. La mayor parte del grupo llegó a la conclusión de que esta idea era la única compatible con Las Escrituras. Ulrich Zwingli, quien era miembro del grupo, no estaba de acuerdo y abandonó al grupo de estudio y las reuniones regulares que con ellos tenía.

Este grupo de estudiantes empezó a enseñar abiertamente el bautismo sólo para los creyentes y también la separación de la iglesia y el estado. Zwingli y el Concilio de la ciudad de Zurich les ordenaron conformarse a las leyes del bautismo (bautismo infantil) y les prohibieron reunirse en grupo. Esa tarde, varios miembros del grupo de estudio se reunieron en la casa de Félix Manz. Prometieron ser y mantenerse fieles al Nuevo Testamento y enseñar sus principios tan ampliamente como les fuera posible. Entonces, Conrad Grebel bautizó a George Blaurock quien después bautizó a todos los hombres que allí estaban presentes.

Estos hombres no fueron los primeros en enseñar el bautismo de creyentes en Suiza. De hecho, todos ellos reconocían que esta verdad había sido enseñada durante siglos por los predicadores independientes, y ocasionalmente, también por sacerdotes de villas pequeñas. Sin embargo, estos hombres fueron los primeros en ganar la atención de toda Suiza. El concilio de la ciudad de Zurich empezó a perseguir al grupo de estudio bíblico, pero ellos continuaban reuniéndose en secreto y pronto bautizaron a muchos otros creyentes.

Sus críticos comenzaron a llamarlos Anabaptistas. <Ana> significa "otra vez" en griego. Se burlaban de ellos porque no aceptaban el bautismo de niños y porque bautizaban a la gente "otra vez" después de su profesión de fe en Cristo. Ellos seguido respondían que no eran Anabaptistas porque lo que era llamado "bautismo" de infantes no era el bautismo real. En lugar de eso ellos se consideraban Bautistas, pues practicaban el verdadero bautismo. El término que generalmente usaban para llamarse unos a otros era "Hermanos Suizos."

Conrad Grebel y Félix Manz empezaron a ir de casa en casa compartiendo el Evangelio y animando a la gente a confiar en Cristo y aceptar el bautismo de los creyentes. Cientos fueron bautizados incluyendo al bien conocido ex sacerdote Católico Romano, Wolfgang Ulimann. Las autoridades de Zurich empezaron a arrestar a todos los líderes del movimiento, incluyendo a Grebel y a Manz. Fueron sentenciados a cadena perpetua, y una nueva ley se expidió en la cual se condenaba a muerte a cualquiera que bautizara por inmersión. El castigo para tales personas era la muerte por ahogamiento. Se dice que un líder Reformador dijo: "Tienen muchos deseos de ser sumergidos, pues nosotros los vamos a sumergir."

En la primavera de 1526, Grebel y Manz, junto con otros doce Anabaptistas escaparon de la prisión y rápidamente extendieron sus enseñanzas por toda Suiza, Austria y el sur de Alemania. Mientras vivían en constante huida y escondiéndose, la salud de Grebel fue afectada varias veces y murió en una triste condición. Manz y Blaurock fueron recapturados, pero Blaurock volvió a escapar. Sin embargo, Manz fue ejecutado por ahogamiento. Fue atado a un tronco largo, sumergido en un río y sacado de nuevo a la superficie y entonces se le preguntó si se arrepentía para salvar su vida, pero él contestó: ¡No! Permaneceré fiel a mi fe. Las autoridades obligaron a su madre a presenciar el acto, y ella gritaba, "¡Félix, no te rindas, no te rindas!" Esta escena se repitió varias veces y finalmente Manz fue ahogado.

Blaurock continuó predicando por toda Suiza y el sur de Alemania, y cuando un pastor Anabaptista, Michael Kurschner, fue quemado en la hoguera, Blaurock tomó su lugar en la iglesia. El y un

El Fiel Testigo Bautista

evangelista que estaba de visita fueron arrestados, torturados y quemados en la hoguera.

Balthasar Hubmaier, un Doctor de Teología Católico Romano, se convirtió al Señor y enseguida se dedicó a realizar un estudio del Nuevo Testamento. Gradualmente se convenció de que los principios Bautistas eran los principios bíblicos. Fue arrestado y torturado; al principio se retractó de sus creencias, sin embargo, luego regresó a los principios Bautistas y fue desterrado de Suiza. Se convirtió en un predicador Bautista muy influyente en Alemania donde fue martirizado por su fe.

Michael Sattler, un sacerdote Católico Romano convertido, escribió y habló en contra de la persecución por causa de principios religiosos, y cuando descubrieron que tenía reuniones secretas con los Anabaptistas, fue desterrado de Zurich. Él se identificaba abiertamente con los Anabaptistas, y empezó a predicar por toda Suiza y Alemania. Fue arrestado, juzgado y quemado hasta morir. Poco tiempo después, su esposa fue ahogada por las autoridades.

Los Anabaptistas crecieron hasta convertirse en un movimiento muy grande alrededor del pueblo suizo de Berne. Allí se unieron a los descendientes locales de los Waldenses. El Concilio local de la ciudad persiguió asiduamente a estos Bautistas berneses, pero el movimiento siguió creciendo. La persecución empujó a muchos de ellos a otros países, incluyendo Holanda. Varios de ellos estuvieron entre los primeros colonizadores holandeses del Nuevo Mundo. Hasta la fecha aún hay muchas iglesias Bautistas alrededor de Berne. Los Anabaptistas suizos fueron muy claros al declarar que no eran Católicos ni Protestantes. La mayoría de ellos eran ex Católicos que eran perseguidos por los Protestantes (los Reformistas). A ellos les fue fácil mantener muy clara esa distinción.

Los Anabaptistas suizos eran conocidos por su énfasis en ciertas áreas. La más significativa era, por supuesto, su enseñanza del bautismo sólo para los creyentes. También enseñaban vigorosamente la libertad religiosa y la separación de la iglesia y el estado. Mientras estas enseñanzas los ponían en constante oposición con la iglesia del estado, muchas de sus creencias se ganaron el respeto de la población en general.

El Fiel Testigo Bautista

Estos Anabaptistas enfatizaban fuertemente el mandamiento nuevo del amor, descrito en Juan 13:34-35. Practicaban tanto esa verdad que cuando la población general pensaba en ellos pensaban en el amor y la fidelidad de unos hacia otros. Durante las terribles persecuciones, ellos compartían entre sí su alimento, casa, dinero y vestido. Esto era tan común que algunas personas ajenas a ellos pensaban que los Anabaptistas no creían en la propiedad privada. Sus escritos demuestran que sí creían en la propiedad privada; sin embargo su amor, hacía que el compartir fuera una experiencia diaria y común. Este testimonio les abrió las puertas al respeto del pueblo, aun cuando eran perseguidos por el gobierno.

Los Anabaptistas también enseñaban que el vivir con rectitud ante Dios era una necesidad para mantener la membresía de la iglesia local. Los Católicos Romanos y los reformadores enseñaban que todos los ciudadanos debían ser miembros de su iglesia, pero los Anabaptistas expulsaban de sus iglesias a las personas que llevaban vidas de inmoralidad y sin arrepentimiento; también a los que enseñaban falsas doctrinas y a los que no tenían la disposición de resolver sus conflictos personales. Esto les dio a las iglesias Anabaptistas una reputación de pureza que otras iglesias no tenían.

Los Anabaptistas estaban de acuerdo con los Católicos Romanos y los Protestantes en la cuestión de la Inspiración Plenaria de Las Escrituras, pero estaban en desacuerdo con la enseñanza Católica de que la iglesia era la única intérprete de la Biblia. También estaban en desacuerdo con la idea Protestante de que Las Escrituras debían ser interpretadas sólo por un grupo de maestros eruditos. Ellos enseñaban que el Espíritu Santo moraba en cada creyente y que podían interpretar la Biblia por sí mismos.

Los Anabaptistas también eran conocidos por negarse a tomar los juramentos de lealtad prescritos por el estado. Como el estado era inseparable de la iglesia reformada, los Anabaptistas sentían que el juramento de lealtad interfería con su libertad religiosa. La mayoría de los Anabaptistas también rechazaban el servicio militar porque creían que un estado controlado por la Iglesia era su enemigo. Otros se negaban a servir en el ejército por ser pacifistas.

Los Anabaptistas también se negaban a casarse en ceremonias controladas por los oficiales de la iglesia del estado; esto causó que mucha gente creyera que ellos no estaban casados y eran culpables de inmoralidad. Ellos sentían que el compromiso de por vida entre la pareja, presenciada por un predicador y testigos locales, constituía el matrimonio Bíblico. Frecuentemente los hijos de los Anabaptistas crecían siendo considerados como ilegítimos por aquellos que los rodeaban.

Los Anabaptistas suizos causaron un impacto tan grande en la gente suiza que sus ideas eventualmente empezaron a arraigarse en ellos. Hoy los suizos tienen libertad religiosa y una iglesia separada del estado. La integridad, sacrificio y fidelidad de los Anabaptistas suizos primitivos llevó a la conversión de miles en Suiza, Holanda, el sur de Alemania y Austria. Sus descendientes viajaron a Rusia con el Evangelio, y ayudaron siendo pioneros en los primeros asentamientos de la frontera americana. Ellos ayudaron a poner un nombre definitivo al movimiento Bautista. Su lema de "Bautista, no Anabaptista," le dio al movimiento Bautista el nombre que lleva hoy en día.

Por lo cual estoy seguro que ni la muerte, ni la vida, ni ángeles, ni principados, ni potestades, ni lo presente, ni lo por venir, ni lo alto, ni lo profundo, ni ninguna otra criatura nos podrá separar del amor de Dios que es en Cristo Jesús Señor nuestro. (Romanos 8:38-39) RVG

CAPÍTULO 22

LOS ANABAPTISTAS ALEMANES

"Si sois vituperados por el nombre de Cristo, sois bienaventurados; porque el Espíritu de gloria y de Dios reposa sobre vosotros. Cierto según ellos, Él es blasfemado, mas según vosotros Él es glorificado. Así que, ninguno de vosotros padezca como homicida, o ladrón, o malhechor, o por entremeterse en asuntos ajenos. Pero si alguno padece como cristiano, no se avergüence; antes glorifique a Dios por ello." 1 Pe 4:14-16

En 1524, en Augsburgo, Alemania, Hans Koch y Leonard Meyster fueron asesinados por sustentar ideas Bautistas. Detrás de su asesinato estaba la intención de detener la influencia Anabaptista en Augsburgo; pero este procedimiento falló miserablemente. Para 1525, una Iglesia Anabaptista se organizó en Augsburgo y creció hasta tener mil cien miembros en 1527. Hubo cuatro pastores asociados con esta iglesia:

- Hans Denck (el pastor, u obispo de más alta jerarquía)
- Balthasar Hubmaier (quien había emigrado de Suiza),
- Ludwig Hatzer, y
- Hans Hut.

Hubmaier había bautizado a Denck y había sido de esencial importancia para la iglesia. Es claro en los escritos de los líderes de la iglesia y de los críticos de ella, que la iglesia de Augsburgo enseñaba todos los Distintivos Bautistas. La iglesia de Augsburgo se convirtió en un centro de edificación de iglesias y entrenamiento de predicadores para todo el sur de Alemania.

La iglesia de Augsburgo ayudó a empezar la iglesia en Estrasburgo en 1526, y Hans Denck se fue allá en 1527 y asumió el pastorado. Denck y Hut hicieron el llamado para una conferencia de predicadores Bautistas, y esto llevó a una reunión de representantes de 60 iglesias localizadas en el sur de Alemania y en Suiza. Los Bautistas en Estrasburgo tuvieron una influencia tan grande que, por un tiempo, la libertad religiosa se practicaba en la ciudad. Aquí Juan Calvino encontró refugio y seguido estudiaba y debatía con los predicadores Bautistas. Se casó con la viuda de un predicador Bautista. Desafortunadamente no aceptó la mayoría de los Distintivos Bautistas y después tomó parte en la persecución de los Bautistas en Suiza.

Hans Denck murió a causa de una plaga local en 1528 a la edad de tan sólo treinta y dos años. En sólo cuatro años, probó ser un increíble constructor de iglesias. En el año de la muerte de Denck, Hans Leupold, quien tomó el lugar de Denck como obispo (o pastor de mayor jerarquía) en la iglesia de Augsburgo, fue arrestado en una reunión de oración y otros ochenta y siete fueron arrestados con él. En la prisión, escribió varios himnos que expresaban su amor y devoción a Cristo y a La Palabra. Después de un juicio local, fue decapitado y otros cinco líderes de la iglesia también fueron asesinados. Cada uno de los miembros de la iglesia fue marcado con un hierro caliente, y otros también fueron flagelados y expulsados del pueblo, bajo amenazas de muerte si regresaban. Para 1530 ya no había ninguna reunión Bautista en Augsburgo.

La persecución se extendió, y en 1528, el pastor y setenta miembros de la iglesia Bautista en Rottenberg fueron decapitados y sus cuerpos quemados. Su pastor, Leonard Scheimer, era un ex sacerdote Católico, como también lo había sido el pastor de la iglesia Bautista en Schwartz. Los registros del juicio del pastor de Schwartz muestran que él era claramente un Bautista en el sentido de que enseñaba todos los Distintivos Bautistas. Su fe en la verdad Bíblica le costó su cabeza. En Salzburgo, dieciocho Bautistas fueron quemados en la hoguera y setenta Bautistas, incluyendo a dos pastores, fueron ejecutados en Lintz. Los Bautistas fueron llamados los "Hermanos de los jardines" debido a su práctica de reunirse en la noche en jardines y lugares solitarios.

En Worms, los Bautistas crecieron grandemente en popularidad e influencia. El pastor Luterano, Jacob Kautz, se convenció de la veracidad de las doctrinas Bautistas y se identificó con ellas. Su sucesor en la iglesia Luterana también se convirtió en Bautista. Se le recuerda sólo por el nombre de "Hilario." El Concilio de la ciudad ordenó que los predicadores fueran expulsados del pueblo, pero ellos se resistieron. Las autoridades locales tenían temor de arrestarlos debido a que éstos eran muy populares entre la población local. Una gran iglesia Bautista continuó en Worms, y durante varios años la persecución era relativamente pequeña. La persecución se extendió hasta el pueblo, previamente seguro, de Estrasburgo. El pastor de allí, Pilgrim Marbeck, fue encarcelado y escribió una tremenda defensa de la separación de la iglesia y el estado. Su escrito es todavía uno de los textos más citados sobre la separación de la iglesia y el estado. Marbeck, un ex sacerdote Católico, fue liberado de la prisión para ser desterrado de Estrasburgo. Se fue a Augsburgo donde pronto murió. La causa de su muerte aún se discute.

Es importante notar que algunas de estas persecuciones vinieron de autoridades que estaban de acuerdo con la Iglesia Católica Romana, otras de parte de aquellos que reconocían al liderazgo Luterano. Líderes Luteranos y Católicos tomaron la misma posición con respecto a su trato con los Bautistas y otros que enseñaban la libertad religiosa. En 1529, Carlos V, Emperador de Alemania, trató la situación del surgimiento de los Anabaptistas. Su edicto posterior al concilio de la iglesia es leído en parte por Spires:

> ...claramente ordenado que todo Anabaptista, o persona rebautizada, sea hombre o mujer y que sea maduro de años y entendimiento; deberá ser privado de la vida, y, de acuerdo con las circunstancias del individuo, deberá ser muerto a fuego, espada u otras maneras; y cuando sea descubierto deberá ser llevado a la justicia, sentenciado y convicto; y de ninguna otra manera deberá ser juzgado, bajo pena de grave y severo castigo.

Los resultados de este decreto llevaron a la muerte a miles de Bautistas; sin embargo, algunos príncipes alemanes desafiaron las órdenes del Emperador. El gobernador de la región de Hesse es recordado como Felipe el Magnánimo, o Felipe de Hesse. Él se opuso a cualquier tipo de persecución religiosa, y protegió a los Anabaptistas y a otros no conformistas en su estado.

Él elocuentemente defendió las libertades religiosas, pero sus intentos de desafiar al Emperador fueron relativamente fútiles. Fue encarcelado y, eventualmente, fue forzado a cooperar con Carlos V. Sin embargo, Hesse continuó siendo una región más segura para los Anabaptistas que la mayor parte del resto de Alemania. En Schwarzburgo, el gobernador local, El Conde Gunther, protegió a los Bautistas poniendo en riesgo su propia vida. Afortunadamente tuvo éxito en ello.

Los Bautistas también eran protegidos en el pueblo alemán de Wassenburgo por un gobernador local de nombre Werner Von Pallant. Bajo el liderazgo de Johannes Campanus, un predicador local, la iglesia en Wassenburgo se determinó a usar su libertad religiosa como base para mandar misioneros a través de Alemania. Esto enfureció tanto a Melcanthon, el asistente en jefe de Martín Lutero, que hizo presión para desatar la persecución de los Bautistas en la región. Campanus fue arrestado y pasó veinte años en prisión, muriendo allí. La mayoría de los misioneros ordenados por esta iglesia fueron ejecutados. Hubmaier fue arrestado y quemado en la hoguera. Tres días después su esposa fue ahogada.

En muchos pueblos alemanes, los Anabaptistas eran tan populares que las autoridades locales eran muy cuidadosas sobre cómo llevaban a cabo sus persecuciones. A través de este periodo, por ejemplo, había una iglesia Bautista grande en Cologne, Alemania. Esta iglesia era constantemente acosada, pero no pasó por las violentas persecuciones por las que muchas otras iglesias Bautistas pasaron.

Cuatro grandes controversias de este periodo involucraron a los Bautistas.

• La primera tuvo que ver con Thomas Munzer y la Revuelta de los Campesinos.

Munzer había sido sacerdote Católico Romano antes de su conversión. Se convirtió en pastor Luterano y recibió su primer pastorado con la directa recomendación de Martín Lutero. Munzer eventualmente rompió con los Luteranos debido a su enseñanza de separación de la iglesia y el estado. Dirigió a los campesinos en la demanda de libertad política, económica y religiosa. Sus puntos de vista eran muy parecidos a los de los fundadores de la República Americana. Desafortunadamente, su movimiento no tenía grandes líderes militares como aquellos que tomaron parte en la Guerra de la Independencia Americana. Sus ejércitos fueron rápida y totalmente aplastados. Munzer es llamado con frecuencia Anabaptista por su ferviente devoción hacia la idea de la libertad religiosa. Sin embargo él no era Bautista, debido a que continuó enseñando el bautismo de infantes por rociamiento. Se encontró con un grupo de Bautistas suizos y alemanes que rehusaron apoyar su rebelión. Algunos sentían que la rebelión violenta no era justificada jamás. Otros creían que el tiempo no era el correcto y que la rebelión no tenía posibilidades de éxito. Sin embargo, muchos Anabaptistas pelearon en los ejércitos de Munzer. Sin importar que tan mal concebido haya sido su tiempo y liderazgo, Munzer debe ser recordado como un amigo de la libertad. De haber tenido éxito, sin duda que en nuestros días él sería recordado de la misma manera que lo es George Washington. Los Anabaptistas eran tan celosos en su defensa de la libertad religiosa que el nombre Anabaptista pronto fue aplicado a todos los que se levantaban por la separación de la iglesia y el estado.

- Otra figura controversial de este periodo fue Melchoir Hoffmann.

Hoffmann fue un ex predicador Luterano identificado con los Anabaptistas debido a que sólo bautizaba creyentes por inmersión; sin embargo él no era un Bautista completo, debido a que no aceptaba la autoridad única de Las Escrituras. El creía que continuaba recibiendo revelaciones de Dios, y profetizó el fin del mundo para 1533. En 1533, retornó a Estrasburgo desafiando a las autoridades de la ciudad, para esperar la Segunda Venida. Fue arrestado y pasó los siguientes diez años en prisión, donde murió en 1543.

- Otra importante controversia envolvió al predicador Bautista, Hans Hut.

Hut extendió su enseñanza de separación de la iglesia y el estado a la separación del individuo cristiano y el estado. Habló en contra del servicio militar, del pago de impuestos al estado alemán y del reconocimiento del gobierno civil como instituido por Dios. Es fácil entender su perspectiva cuando recuerdas los tiempos en los que vivió. Los ejércitos eran usados para perseguir a los Cristianos, los impuestos se encargaban de que la persecución fuera financieramente posible, y el gobierno civil se había rebelado contra Dios, tanto así, que se había convertido en el agente de la persecución religiosa. Sin embargo, la mayoría de los Bautistas rechazaron la posición de Hut. Sus enseñanzas eran usadas con frecuencia por varios gobernantes como pretextos para perseguir a todos los Bautistas. Hut fue asesinado en Augsburgo cuando intentaba escapar de la prisión.

- La más infame controversia de este periodo tuvo que ver con el "Reino de Munster."

Un predicador viajero, Jan Matthys, que había sido seguidor de Melchoir Hoffinann, reclamó haber recibido una revelación de Dios. Él dirigió a sus seguidores a controlar la ciudad de Munster. Desafiaron al gobierno de Alemania y declararon que iban a establecer la "Nueva Jerusalén." John Leyden estableció un sistema económico comunista que enseñaba la separación de la iglesia y el estado. Leyden atrajo a muchos Anabaptistas a Munster, al prometerles la libertad religiosa. Enseñaba la poligamia y finalmente declaró ser el Mesías en persona. Munster fue finalmente rodeada por un ejército de Católicos Romanos y Luteranos. Después de un sitio brutal, la ciudad fue capturada y los líderes de la "Nueva Jerusalén" fueron ejecutados. Debido a que muchos Bautistas participaron en la defensa de Munster, los Anabaptistas frecuentemente han sido culpados de los excesos de Matthys y Leyden. Sin embargo, debe recordarse que estos hombres eran predicadores Luteranos ordenados y que ambos practicaban el bautismo de infantes. También negaban la autoridad única de Las Escrituras.

El final del periodo de la Reforma en Alemania vio al movimiento Anabaptista ser perseguido y prohibido por la ley, pero creciendo en fuerza e influencia.

El Fiel Testigo Bautista

Porque ninguno de nosotros vive para sí, y ninguno muere para sí. Pues si vivimos, para el Señor vivimos; y si morimos, para el Señor morimos. Así que, ya sea que vivamos, o que muramos, del Señor somos. (Romanos 14:7-8) RVG

CAPÍTULO 23

LOS BAUTISTAS EN HOLANDA

"Por tanto, los que padecen según la voluntad de Dios, encomienden a Él sus almas, como a fiel Creador, haciendo el bien." 1 Pe 4:19

Para 1525, muchos Anabaptistas alemanes habían huido a Holanda, y durante el tiempo que estuvo controlada por Carlos V, hubo mucha oposición a su gobierno. Los líderes locales seguido desafiaban sus edictos, y los no conformistas esperaban lograr allí un refugio de la persecución. Muchas iglesias Bautistas fueron comenzadas en Holanda y el movimiento creció rápidamente. Sin embargo, la persecución vino pronto. En 1527, una viuda llamada Weyken Claes fue estrangulada y su cuerpo fue quemado en la hoguera. Su crimen fue haberse rebautizado en una iglesia Bautista. En ese mismo año otros tres Bautistas fueron quemados en la hoguera; sin embargo, el movimiento siguió creciendo. Para 1533, tan solo en el pueblo de Emden se habían realizado más de mil bautismos.

En 1531, Sicke Freerks, el sastre del pueblo de Leeuwarden, fue arrestado por ser Bautista. Durante su largo juicio, las cuestiones del bautismo y la salvación fueron claramente discutidas. Esto causó una profunda impresión en un sacerdote Católico Romano muy joven de nombre Menno Simmons. El valor de Sicke Freerks llevó a Menno a estudiar el Nuevo Testamento y fue convertido. Por cinco años, continuó como sacerdote Católico, pero finalmente se identificó con los Bautistas. Freerks fue torturado y ejecutado, pero su testimonio llevó a la conversión de este hombre el cual se convertiría en uno de los predicadores Bautistas de más influencia. Muchos otros Bautistas fueron ejecutados durante la cuarta década del siglo XVI. En 1535, el castigo de ser quemado en la hoguera fue decretado contra todos los Bautistas. Esto fue confirmado en 1540 y de nuevo en 1550. Estas medidas no pudieron destruir al movimiento Bautista. Un pastor Bautista, Leonard Bouwens, dejó registros escritos de más de 10,000 convertidos a los que él bautizó.

Mientras la ola de persecución se extendía, Menno Simmons se sentía cada vez más incómodo como sacerdote Católico Romano. Su estudio de Las Escrituras lo llevó a aceptar los Distintivos Bautistas. Su salvación personal causó que su corazón se uniera al de sus hermanos perseguidos, así que en 1536, dejó el sacerdocio y fue bautizado tras hacer su profesión de fe en Cristo. Aceptó el pastorado de la iglesia Bautista en Groningen y pasó allí cuatro pacíficos años como pastor.

En 1541, se convirtió en pastor de una iglesia Bautista en Amsterdam, pero pasó los siguientes dieciocho años como fugitivo con un precio puesto a su cabeza por los líderes Católicos Romanos. Viajó a través de Holanda y Alemania, nunca permaneciendo mucho tiempo en un solo lugar. Durante sus viajes fundó muchas iglesias pequeñas. Una gran recompensa financiera fue ofrecida a cambio de información que llevara a su arresto, y a cualquier Bautista que lo delatara se le concedería el perdón total. Hubo varios intentos de traicionarlo, pero siempre escapaba.

Algunos de sus asociados no tuvieron tan buena suerte. Tjaert Reynerson, un granjero, fue decapitado por haber permitido que Menno se escondiera en su granja. Ian Caeson fue decapitado por escribir una introducción para un libro escrito por Menno Simmons. Los libros de Simmons estaban prohibidos por la ley, y la pena de muerte fue instituida para el que fuera encontrado teniendo en su poder un libro escrito por él.

Simmons y sus seguidores encontraron refugio en 1553 cuando el Señor de Fresenburgo, un poderoso noble holandés, invitó a los Bautistas a emigrar a su región y vivir bajo su protección. Miles de Bautistas se fueron a vivir allí, seguido fundando sus propias aldeas. Aquí, Simmons vivió en paz sus últimos ocho años.

Menno Simmons escribió muchos libros y panfletos, que enseñaban claramente los Distintivos Bautistas. Pero sus seguidores hicieron un gran énfasis en otro distintivo que la mayoría de los Bautistas no aceptaban. Menno y sus seguidores enseñaban el pacifismo, la creencia de que la violencia, incluso en defensa propia, no era justificable jamás. Los Bautistas que aceptaban esta idea eran llamados comúnmente Menonitas, en honor de su más famoso maestro. Durante la vida de Menno, y por varias décadas después, Bautistas y menonitas generalmente sostuvieron una comunión muy cercana.

Respetaban el bautismo y la ordenación de cada uno. Los Bautistas predicaban en iglesias llamadas Menonitas, y los Menonitas se consideraban a sí mismos como una rama del movimiento Bautista. Sin embargo, las disputas sobre el pacifismo y el creciente énfasis de los Menonitas sobre la necesidad de obras para la salvación dividieron a los dos grupos. En el siglo dieciocho, la Iglesia Menonita ya no practicaba el Bautismo por inmersión sólo para los creyentes y ya no fue considerada parte del movimiento Bautista.

Guillermo, el Príncipe del estado Holandés de Orange, se determinó a destruir el dominio que Felipe II de España ejercía sobre Holanda. Felipe había "heredado" a Holanda de su padre, Carlos V, quien fue un tirano en todos los aspectos, negando la libertad económica, política y religiosa a su gente. Él fue quien formó la armada española para conquistar Inglaterra. Guillermo de Orange se unió a los Protestantes, a los Bautistas y a otros no conformistas en un ejército para romper el poder Católico. Una y otra vez llevó a sus tropas contra ejércitos Católicos mucho más grandes que los suyos, hasta que al fin alcanzó la independencia para Holanda. Fue inmediatamente presionado para establecer al calvinismo (Reformador) como la iglesia del estado y a volverse contra sus aliados Bautistas. Cuando se enfrentó a presiones similares, Zwingli renunció a sus primeras posiciones y traicionó a sus amigos Bautistas. Pero Guillermo no era como Zwingli.

Mientras la nueva nación de Holanda era formada, fue decretado que: "Todo individuo debe mantenerse libre en su religión, y ningún hombre debe ser molestado o cuestionado sobre sus actividades de adoración Divina." Guillermo algunas veces fue conocido como Guillermo el Silencioso debido a su poca habilidad para la diplomacia. Había sido Luterano pero asistió a una escuela

El Fiel Testigo Bautista

Católica. Siendo ya un adulto asistió a una iglesia Calvinista. Él había rechazado obedecer las órdenes de Carlos V concernientes a la persecución religiosa, y había convencido a Carlos de que lo dejara en paz. Debido a la variedad de influencias religiosas, él fue quien creó un refugio para los Bautistas durante el siglo XV. Bautistas de toda Europa huyeron a Holanda buscando ponerse a salvo. Guillermo fue asesinado por un agente Católico, pero su hijo, el Príncipe Mauricio, continuó su lucha por la libertad. Un descendiente suyo, Guillermo III de Orange, trajo libertad religiosa a Inglaterra cuando se convirtió en Rey de ese país.

Los Bautistas florecieron en Holanda. Incluso Rembrandt, el famoso pintor, estaba asociado con una iglesia Bautista en Holanda. Pintó muchos portarretratos de predicadores, incluyendo a varios Bautistas. Rembrandt era un celoso defensor de la libertad religiosa y política, y eso se muestra en muchas de sus pinturas. Había varios doctores e inventores famosos entre los Bautistas de Holanda, incluyendo al inventor del alumbrado urbano y del motor de impulso de caballos, J. Van der Hayden.

El predicador alemán Kasper Schwenkfeld, tuvo un gran impacto en las iglesias alemanas y holandesas. Se piensa seguido que tenía conexión con los Bautistas debido a su gran énfasis en la salvación personal, el bautismo por inmersión y la separación de la iglesia y el estado. Originalmente fue uno de los seguidores y amigos de Lutero, pero sus convicciones doctrinales le causaron que fuera expulsado de Alemania. Sus predicaciones y escritos en Holanda ayudaron a preparar el camino para la libertad religiosa allí. Su enseñanza Bíblica acerca del bautismo ayudó a abrirle las puertas a muchos Bautistas en Holanda. Aunque Schwenkfeld nunca se identificó con los Bautistas, seguido tenía comunión con ellos. Pero él y los Bautistas estaban conscientes de una importante diferencia entre ellos. Schwenkfeld enseñaba que la Biblia era la única autoridad, pero que seguía habiendo revelaciones personales a través del Espíritu Santo. Los Bautistas enseñaban que Las Escrituras eran la única revelación de Dios. Sus seguidores fueron pioneros entre los grupos que se asentaron en la colonia de Pennsylvania, en la parte Este de las costas de América. Inclusive en nuestros días ellos aún tienen muchas iglesias en Pennsylvania.

Otro predicador holandés recordado con frecuencia en conexión con los Anabaptistas es David Joris. Era muy conocido por sus enseñanzas acerca de la separación de la iglesia y el estado y el bautismo de los creyentes. Él no era un Bautista completo porque creía que aún recibía revelaciones del Señor. Enseñó que el milenio iba a comenzar durante su vida. Después de que varios de sus seguidores fueron ejecutados, incluyendo a su madre, él se escondió. Después de su muerte, su cuerpo fue exhumado por sus enemigos y quemado.

Otro predicador que constantemente viajaba entre Holanda y Alemania fue Jacob Huter. Él fue un Bautista fuerte que enfatizaba mucho sobre el compartir voluntario de bienes entre los Cristianos. Él y más de mil de sus seguidores fueron ejecutados. Los sobrevivientes se reunieron en Holanda después de que la libertad religiosa se estableció allí. Los Hermanos Hutterrte descienden de este grupo. En el siglo XVIII, la mayoría de los Hermanos Hutterrte emigraron a Rusia donde florecieron hasta el levantamiento del comunismo en el siglo XX.

Otro grupo con influencias Anabaptistas holandesas son los Amish. Jacob Aman fue un maestro Menonita con una interpretación muy rigorista de la separación del mundo. Parece haber sido un Bautista genuino en cuanto a su doctrina, pero sus seguidores rápidamente mezclaron su doctrina de separación del mundo con la salvación. Cuando hicieron esto dejaron de ser evangélicos. Muchos de los Amish emigraron a los Estados Unidos.

A veces, el gobierno holandés se distanciaba del concepto de libertad religiosa, pero los días de persecución violenta nunca volvieron. A través de toda la segunda mitad del siglo XVI y el siglo XVII, Holanda fue el lugar de refugio para los Bautistas y para otros no conformistas de toda Europa. Los Bautistas se convirtieron en el porcentaje más grande de la población general de Holanda. Continuaron construyendo iglesias y seminarios que influenciaron a generaciones posteriores durante muchos años.

Los peregrinos separatistas huyeron a Holanda en busca de la libertad religiosa antes de irse al Nuevo Mundo. Holanda se convirtió en el primer país que se desarrolló con la idea Bautista de separación de la iglesia y el estado.

Bautistas de muchos países, aunque les costó la vida, se mantuvieron fieles. Su testimonio por la autoridad única de Las Escrituras aún sigue VIVO.

CAPÍTULO 24
LOS BAUTISTAS INGLESES

"y en nada intimidados por los que se oponen; que a ellos ciertamente es indicio de perdición, pero a vosotros de salvación, y esto de Dios. Porque a vosotros es concedido por Cristo, no sólo que creáis en Él, sino también que padezcáis por Él," (Filipenses 1:28-29)

Enrique VIII, de Inglaterra, persiguió fuertemente a los Bautistas en cada una de sus diferentes fases religiosas. Al principio de su reinado, Alice Grevill, una dama que testificó ser Bautista por veintiocho años, fue ejecutada en Londres, y varios líderes de una iglesia Bautista de Londres también murieron quemados en la hoguera. Enrique incluso envió tropas a ayudar a la persecución de los Bautistas en Alemania. En 1533, expidió un decreto en el que decía que a todos los que creían en el bautismo de los creyentes se les daban doce días para salir del país; muchos se fueron de Inglaterra. Algunos continuaron mostrando su fe abiertamente, mientras unos fueron encarcelados y otros fueron ejecutados.

Incluso la parte evangélica de la Iglesia de Inglaterra apoyó la persecución de los Bautistas. El famoso líder evangélico, Hugh Latimer dijo: "Los Anabaptistas que fueron quemados en varios pueblos de Inglaterra fueron a su muerte contentos y sin ningún temor. ¡Así que, déjenlos que se vayan!" Tres veces 1538, 1540 y 1550 reyes ingleses expidieron Actos de Perdón. Estos Actos otorgaban el perdón a muchos prisioneros convictos de varios crímenes, aunque no se incluía a quienes habían cometido crímenes violentos. Pero siempre se excluía a los Bautistas. Se vaciaban las prisiones de ladrones, asaltantes y vagabundos, pero los Bautistas seguían en prisión. Después se instaló la pena de muerte para quienes leyeran libros Bautistas. Un inglés que le escribió a Erasmo, dijo a manera de broma: Es admirable que no escasee la leña, cuando se está quemando a tanto Bautista.

Muchos misioneros Bautistas holandeses vinieron a

Inglaterra durante este período, y gran número de ellos fueron ejecutados. Los Bautistas fueron conocidos por varios nombres:

- Anabaptistas

- Bautistas

- Lolardos, y

- Algunos estudiantes de la historia de la iglesia hasta los llamaban Donatistas y Paulicianos.

Cuando murió Enrique VIII, su hijo, Eduardo VI, llegó al trono. Simpatizaba con la libertad religiosa y con el tiempo puso fin a las ejecuciones por causas de creencias religiosas. Sin embargo, antes de la suspensión de las ejecuciones mató a cuando menos dos Bautistas. A Joana de Kent la quemaron por introducir de contrabando libros Bautistas a la Corte Real. Eduardo le puso fin a tal barbaridad pero, desafortunadamente, su salud siempre fue mala y murió después de reinar sólo seis años. No tuvo hijos, así que lo siguió en el trono su hermana María.

María era muy Católica y había aprendido el Catolicismo Romano de su madre, Catherine, la primera esposa de Enrique. Nunca se olvidó que Inglaterra se había convertido al Protestantismo en conexión a que su padre abandonó a su madre. Ella tomó la determinación de hacer que Inglaterra volviera al Catolicismo, e inclusive se casó con Felipe II, Rey Católico de España para fortalecer el Catolicismo en Inglaterra.

María llevó a la hoguera a casi todo el liderazgo evangélico de la iglesia de Inglaterra. Estos Cristianos profesantes que en un tiempo apoyaron el que otros creyentes fueran llevados a la muerte, ahora cosechaban lo que habían sembrado. Latimir, quien sin misericordia había mandado a Cristianos Bautistas a la hoguera, ahora él mismo fue llevado a la hoguera. Mientras que a los Bautistas no les fue mejor a manos de María y muchos predicadores Bautistas también murieron quemados. María murió después de gobernar durante cinco años y se le recuerda como "María la sanguinaria." Su muerte fue recibida con regocijo en toda Inglaterra.

El Fiel Testigo Bautista

El siguiente gobernador de Inglaterra fue la hermana de María, Elizabeth, la hija de Enrique VIII y Anne Boleyn. Ella finalmente restableció la naturaleza Protestante de la iglesia de Inglaterra, y por un tiempo, mientras ella reorganizaba la iglesia, se suspendieron todas las persecuciones. Muchos pensaron que ésta era una inclinación hacia la tolerancia religiosa, pero malentendieron sus motivos. Los Bautistas empezaron a operar mucho más abiertamente, y muchos Bautistas de Europa buscaron refugio en Inglaterra. Sin embargo, esta tregua no duró mucho tiempo. Elizabeth se declaró como la autoridad suprema de la iglesia y demandó que nada se predicara en contra de su voluntad.

Robert Browne, conocido como el "Padre de los Congregacionalistas," llegó a ser, durante este tiempo, un predicador prominente en Inglaterra. Estudió con algunos Bautistas holandeses en Norwich, Inglaterra. Browne se convenció de todos los Distintivos Bautistas excepto del Bautismo de los creyentes, y su predicación condujo a la formación de muchas iglesias independientes en Inglaterra. Estas iglesias independientes se mantuvieron firmes por la libertad religiosa y la separación de la iglesia y el estado, aunque esto les representó una severa persecución. Cada una de estas nuevas iglesias independientes decidía por sí misma en cuanto al bautismo. Unos eran Bautistas y otros practicaban el bautismo infantil. Se les llamaba Iglesias congregacionalistas por su énfasis en la iglesia independiente compuesta de creyentes que gobernaban sus propios asuntos. Seguido había compañerismo entre los Bautistas y los primeros congregacionalistas.

La diferencia entre los Bautistas y los Protestantes Evangélicos se hace clara por el caso del Obispo Hooper de la iglesia de Inglaterra, que llegó a la conclusión de que Las Escrituras deben verse como la SOLA AUTORIDAD. Hooper empezó a predicar esa verdad y le pidió a la iglesia de Inglaterra que conformara sus prácticas a esta doctrina. Fue reprendido y le recordaron que el Monarca reinante y los líderes religiosos también eran autoridades espirituales. También se le ordenó que abandonara la posición acerca de la sola autoridad de Las Escrituras ya que tal posición lógicamente conduciría a la separación de la iglesia y el estado y que también abandonara el bautismo infantil. Se le ordenó que dejara de predicar sus doctrinas, o de lo contrario renunciara a la Iglesia de Inglaterra y se identificara con los Bautistas que siempre habían sostenido tales doctrinas.

La persecución conducida por Elizabeth fue tan severa que los Bautistas, Congregacionalistas, Cuáqueros, y otros independientes de nuevo tuvieron que huir a los bosques y las montañas. Después de la muerte de Elizabeth, su primo segundo, el Rey James (Santiago) de Escocia se convirtió en el Rey Inglés.

Dentro de la iglesia de Inglaterra hubo muchos que se pronunciaron a favor de que el gobierno le diera más autoridad a Las Escrituras y que la doctrina evangélica se convirtiera en la doctrina oficial de la Iglesia. A estos se les llamaba los Puritanos, y seguían las enseñanzas de Juan Calvino.

Los Bautistas siguieron siendo oprimidos en Inglaterra; sin embargo, James, (Santiago) se alejó de la pasada política de las ejecuciones y volvió a las multas y prisión. Los Bautistas apelaron a James por la libertad religiosa, pero no les fue concedida. Sin embargo después de la apelación, James, (Santiago) pareció perder interés en perseguirlos. No pudo evitar que varios líderes de la iglesia persiguieran a los Bautistas, pero no participó como antes. Muchos Bautistas huyeron a Holanda, mientras a otros se les permitió participar en las nuevas colonias inglesas en Norteamérica.

En 1614, Mark Busher, miembro de una iglesia Bautista en Inglaterra, escribió el primer libro publicado en Inglaterra abogando por la libertad religiosa. Tuvo que huir a Holanda después de publicarlo, aunque después pudo regresar. Su libro influenció fuertemente a John Milton y el escritor político John Locke. Los escritos políticos de Locke influenciaron a muchos, así como a Thomas Jefferson, George Washington y James Madison. La Declaración de Independencia es básicamente una re-declaración de la filosofía política de Locke aplicada a la situación de las colonias Americanas.

Uno de los más famosos eventos de la historia Bautista inglesa sucedió durante ese tiempo. A esto comúnmente se le conoce como el "Episodio Se-Bautista." John Smyth había sido predicador de una iglesia de Inglaterra y regresó a su hogar en Gainsborough. Allí, había dos iglesias congregacionalistas; una se convirtió en el grupo del cual vinieron la mayoría de los colonizadores Peregrinos a la Bahía de Plymouth. Smyth vino a ser el pastor de la otra iglesia. Debido a las persecuciones, la mayoría de los miembros de ambas iglesia huyeron a Holanda y allí, Smyth se convenció de la verdad del bautismo sólo para los creyentes. Él dirigió a su congregación en el estudio de esta doctrina y se pusieron de acuerdo.

Él se bautizó a sí mismo, y luego a la mayoría de su congregación. Surgió la disputa sobre si su bautismo era legítimo o no y hasta él mismo lo llegó a cuestionar. Se presentó a una iglesia Menonita para membresía y no le quisieron reconocer su bautismo. Parece que murió cuando discutían sobre cómo manejar la situación. La mayoría de su congregación solicitó membresía en la iglesia Menonita y luego los admitieron como miembros.

Un grupo menor de la congregación no quiso unirse a los Menonitas. Los guió Thomas Helwys, quien se convirtió en su pastor y continuaron aceptando el bautismo de John Smyth. Él y sus seguidores regresaron a Inglaterra y formaron una Iglesia Bautista donde Helwys enseñaba agresivamente contra el Calvinismo y la doctrina de la predestinación de los Puritanos. Esta doctrina empezaba a encontrar aceptación entre muchos Bautistas. Debido al hecho de que Helwys enseñaba mucho una expiación general (que Cristo murió por todo ser humano), su iglesia llegó a conocerse como la Iglesia Bautista General. Pronto ese nombre se aplicó a todas las iglesias Bautistas que enseñaban de la misma manera. Las iglesias que enseñaban que Cristo murió sólo por los elegidos llegaron a conocerse como los Bautistas Particulares. Helwys después atacó al Rey James (Santiago) y fue arrestado y encarcelado. Murió poco después.

Debe notarse que los historiadores a veces difieren en cuanto a los detalles del "Episodio Se-Bautista" y el origen de los Bautistas Generales y Particulares. Unos hasta niegan que Smyth y Helwys fueran inmersionistas, pero hay mucha evidencia de que eran Bautistas legítimos. (Ver el libro Una historia de los Bautistas de John Christian)

El Fiel Testigo Bautista

Durante este tiempo una iglesia Bautista ampliamente conocida surgió de un trasfondo independiente. Una iglesia independiente fue fundada por Henry Jacob en Southwark. Se mudó a la Colonia de Virginia y fue sucedido por John Lathrop a quien llevaron a la cárcel por su trabajo. Después, al ser liberado, condujo la mayor parte de la iglesia a la Nueva Inglaterra. Los que se quedaron en Nueva Inglaterra llegaron a ser conocidos como la Iglesia Jacob-Lathrop. Una porción de la iglesia se convenció de los principios Bautistas y formaron una iglesia Bautista Independiente bajo el liderazgo de John Spillsbury; sin embargo, ninguno de esa iglesia fue bautizado por inmersión.

Enviaron a uno de ellos, Richard Blunt, a Holanda para ser bautizado por inmersión por los Menonitas. Regresó y bautizó a otros miembros de la iglesia. William Kiffin, miembro de la iglesia, llegó a conocerse como líder de los Bautistas Particulares.

CAPÍTULO 25

LAS IDEAS BAUTISTAS SE ESPARCEN
POR TODA EUROPA

"Por tanto, os ruego que seáis seguidores de mí. Por esta causa os envié a Timoteo, que es mi hijo amado y fiel en el Señor, el cual os recordará de mis caminos cuáles sean en Cristo, de la manera que enseño en todas partes en todas las iglesias. Pero algunos están envanecidos, como si nunca hubiese yo de ir a vosotros." 1Co 4:16-18

Los Bautistas estaban muy bien representados en muchos países de Europa, durante e inmediatamente después de la Reforma. Hay registros de Iglesias Bautistas en Italia durante este período. Estas iglesias eran perseguidas fuertemente por la Iglesia Católica Romana y los gobiernos locales. Un ex sacerdote Católico convertido en predicador Bautista, Julius Klampherer, fue ahogado en Venecia en 1561, y el pastor de la iglesia Bautista en Venecia, Franciscus Van Der Sach, junto con uno de sus diáconos, fue ahogado en 1564.

Muchos Bautistas Italianos huyeron a Moravia, otros a Holanda. Algunos se quedaron, y hay un reportaje de que en el Norte de Italia se reunió un grupo de representantes de más de sesenta predicadores Anabaptistas. Uno de los más conocidos fue Camilo Renato, un defensor temerario del bautismo de los creyentes. Otro muy conocido Anabaptista se llamaba Tiziano. El movimiento Anabaptista Italiano fue fuertemente influenciado por los que negaban la Trinidad. Aunque abogaban por la separación de la Iglesia y el estado y el bautismo por inmersión, los Anabaptistas italianos llegaron a ser verdaderamente herejes, en el sentido Bíblico, pues negaban la Deidad de Cristo.

Muchos de los seguidores de Hans Hut huyeron a Hungría. Eran dirigidos por un pastor Bautista de nombre Peter Weidman y sufrieron gran persecución. Muchos huyeron a Rusia. Sus descendientes se fueron a los Estados Unidos a fines del siglo XVIII. La pena de muerte fue decretada para los Bautistas en Austria. El rey Ferdinand se dedicó, con diabólica intensidad, a destruir a los Bautistas. Miles fueron quemados en la hoguera. Muchos fueron atados juntos con cadenas y lanzados a los ríos. En Viena, una congregación Bautista entera fue arrestada. Las mujeres y los niños fueron liberados, pero a los hombres de buen físico se les dijo que serían forzados a servir como marineros. Intentaron un escape masivo y todos menos quince lo lograron. Los quince que fueron nuevamente capturados desaparecieron y jamás se volvió a saber de ellos.

Nuestra información acerca de las ideas Bautistas en Rusia es muy limitada. Se sabe que los Paulicianos, Waldenses, Bogomils, Taboritas, Hermanos Bohemios, Menonitas y Amish tenían quién los representara en Rusia. El número de Bautistas en Rusia parece relativamente pequeño hasta el surgimiento de los Stundistas en el siglo XIX. Los Stundistas, que trazaban su linaje hasta antiguos grupos Bautistas de Rusia, experimentaron un gran crecimiento durante el siglo XIX. Este era un grupo Bautista genuino, que tenía millones de seguidores. Este grupo fue fuertemente perseguido después de que el poder cayera en manos de los comunistas, pero sobrevive hasta nuestros días. Se han fusionado con otros grupos de características Bautistas como parte de la Unión Evangélica Cristiana. No se sabe con exactitud cuál sea la cantidad de sus seguidores, pero parece que aún hay millones de ellos en Rusia.

Los Bautistas lograron gran prominencia en Polonia. Durante la Reforma, el concepto de la libertad religiosa tuvo una aceptación temporal de parte de la realeza Polaca y los nobles. Muchos Bautistas suizos e italianos se fueron para allá y esparcieron las ideas Bautistas entre la gente de Polonia.

Uno de los primeros líderes Bautistas polacos fue Peter Gonesius. Él comenzó una iglesia que habría de tener gran éxito en plantar iglesias a través de toda Polonia. En tan sólo quince años, tuvieron una reunión en la que cuarentaisiete Iglesias Bautistas estaban representadas. Gregory Paulus se convirtió en un notable líder Bautista en Polonia. Pastoreó una iglesia en Cracovia. Los

Bautistas Polacos de Cracovia publicaron un catecismo de ciento sesenta páginas para la enseñanza de sus niños, el cual era producido por la misma iglesia.

Desafortunadamente, los Bautistas de Polonia fueron dominados por un grupo herético que más adelante fue conocido como los Socinianos. Sus maestros creían en lo que llamamos Distintivos Bautistas, pero negaban uno de los más básicos fundamentos de la fe, la Deidad de Cristo. Su doctrina fue tan aceptada entre los Bautistas polacos que prácticamente no hay registro en Polonia de Bautistas sanos en su doctrina después de 1570. Faustus Socinius fue un maestro que tuvo gran éxito y en la mente de muchos era identificado con esta herejía.

En Lituania, un pastor muy conocido de una gran iglesia independiente, John Caper, padre, se convenció del bautismo de los creyentes. Fue bautizado por inmersión y se identificó abiertamente con los Bautistas; más tarde fue ahogado por un grupo de vándalos en el mismo estanque donde había sido bautizado.

Durante los siglos XVII y XVIII, el testimonio Bautista en Europa (aparte de Inglaterra y Holanda donde era muy fuerte) parece que fue muy limitado.

Aquí y allá, valientes hombres e iglesias aisladamente se pararon firmes por la verdad Bíblica. Sin embargo, durante el siglo XIX el testimonio Bautista creció rápidamente a través de toda Europa occidental.

En 1810, en Flanders, Francia, un granjero encontró una Biblia. Él y sus vecinos la leyeron, la estudiaron y se convirtieron. Después, en 1819, fueron guiados a formar una iglesia independiente. Practicaban el bautismo de los creyentes. Un joven francés que se había convertido en Escocia, Henry Pyt, se convirtió en su pastor. Es claro que él enseñaba los Distintivos Bautistas. En 1831, Un pastor Bautista americano que estaba vacacionando en Francia sintió una gran carga por el país. A su regreso, promovió el envío de varios misioneros a Francia. Estos misioneros trabajaron con Pyt en la construcción de iglesias. Durante varios años fueron acosados por el gobierno local, pero en 1848 la libertad religiosa llegó a Francia. Durante el siglo XIX estos esfuerzos dieron como resultado el comienzo de al menos treinta iglesias en Francia y el envío de misioneros a Suiza y Bélgica.

Johann Oncken fue sin duda el gran héroe del movimiento Bautista en Alemania durante el siglo XIX. Oncken era un Luterano que había tenido la oportunidad de viajar por toda Europa desde la edad de los trece años hasta los veintiuno. Conoció una iglesia independiente en Londres, Inglaterra y allí fue salvo. Se convirtió en Misionero independiente en Hamburgo, Alemania, donde comenzó un programa de predicación en las calles, distribución de libros, escuelas dominicales y reuniones caseras que atrajeron a una gran cantidad de seguidores. Empezó a estudiar el tema del bautismo y contactó a los Bautistas ingleses para obtener más información; se convenció del bautismo de los creyentes y fue bautizado por un profesor de apellido Sears, quien era maestro de la Biblia en un colegio Bautista americano y que andaba de viaje por Francia. Oncken había pasado por una gran cantidad de persecuciones como independiente, y las experimentó aún más como Bautista. Fue encarcelado, multado y los servicios de su iglesia fueron dispersados por los militares. Cuando su situación atrajo una gran atención en Inglaterra y Estados Unidos, la persecución local se relajó. Oncken ministró en Hamburgo durante un total de cincuentainueve años.

Esta iglesia Bautista en Hamburgo se convirtió en una de las más grandes iglesias misioneras de todos los tiempos. En once años habían empezado veintiséis iglesias a través de toda Alemania. En 1848, la libertad religiosa se otorgó de manera oficial. Oncken llevó a los Bautistas Alemanes a formar una asociación misionera y a comenzar un seminario en Hamburgo. La iglesia en Hamburgo mandó misioneros a Suecia, Dinamarca, Rusia y prácticamente a todos los países de Europa. Se estima que literalmente cientos de iglesias Bautistas resultaron de estos esfuerzos. La iglesia de Hamburgo y la mayoría de las iglesias asociadas con ella fueron destruidas en la Segunda Guerra Mundial. Muchos de los pastores habían sido previamente ejecutados por Adolfo Hitler por desafiar su gobierno.

En 1843, dos marinos suecos conocieron a los Bautistas en la ciudad de Nueva York. Uno de ellos se bautizó y terminó quedándose en los Estados Unidos. El otro F.O. Nilson, regresó a Suecia para después ir a la iglesia de Oncken en Hamburgo para continuar sus estudios. Se bautizó y se convirtió en misionero en Suecia. Luego de tres años, Nilson fue expulsado de Suecia; y enseguida pastoreo por dos años en Dinamarca. Después guió a un grupo de Bautistas suecos a los Estados Unidos donde podían tener libertad religiosa. Después de siete años, se le permitió regresar, y empezó una iglesia Bautista en Gotenburgo. Pastores misioneros de Hamburgo comenzaron una iglesia en Estocolmo, capital de Suecia. Para 1861, se reportaban ciento veinticinco iglesias Bautistas en Suecia. La persecución gubernamental fue desapareciendo gradualmente y los Bautistas se convirtieron en el grupo más grande de no-Luteranos en ese país.

En 1860, se organizó una iglesia Bautista por Frederik L. Rymker en Noruega. Originalmente estaba compuesta por siete miembros. Rymker era un marinero danés que había sido salvo y bautizado en los Estados Unidos. Para 1877, había catorce iglesias Bautistas en Noruega. El número de iglesias Bautistas en Noruega nunca ha sido grande, pero ha crecido hasta nuestros días.

En 1939, una iglesia Bautista se organizó en Copenhage, Dinamarca, con gente que había sido ganada para Cristo durante una misión de la iglesia de Oncken en Hamburgo. Su primer pastor fue encarcelado y su lugar fue tomado por su hermano que también fue encarcelado. La persecución continuó hasta 1850 cuando se otorgó la libertad religiosa en Dinamarca. Aun así el crecimiento Bautista en Dinamarca siguió siendo limitado.

En 1884, algunos evangélicos en Estonia se convencieron de la verdad del bautismo de los creyentes y los bautizó un pastor Bautista alemán. La mayoría de ellos tuvieron que huir a Suecia. En Latvia, los alemanes Bautistas iniciaron varias Iglesias.

No fue sino hasta el siglo XX que las iglesias Bautistas se establecieron en la mayoría de los países de Europa Oriental.

El Fiel Testigo Bautista

Predica la palabra; insta a tiempo y fuera de tiempo; redarguye, reprende; exhorta con toda paciencia y doctrina. (2 Timoteo 4:2) RVG

CAPÍTULO 26

DESARROLLOS POSTERIORES DE
LOS BAUTISTAS INGLESES

"Porque esto es loable, si alguno a causa de la conciencia delante de Dios, sufre molestias padeciendo injustamente. Porque ¿qué gloria es, si pecando vosotros sois abofeteados, y lo sufrís? Pero si haciendo bien sois afligidos, y lo sufrís, esto ciertamente es agradable delante de Dios." 1 Pe 2:19-20

La controversia entre los Bautistas Generales y los Particulares dominó los asuntos Bautistas entre los ingleses durante la segunda mitad del siglo XVII. William Kiffin dirigió a los Bautistas Particulares a formular claros estatutos doctrinales y a hacer públicas "Confesiones de Fe".

La mayoría de los Bautistas Generales adoptaron todos los principios doctrinales del Arminianismo, incluyendo la creencia de que los creyentes pueden perder su salvación. Los Bautistas Particulares fueron fuertemente influenciados por el Calvinismo. Muchos Bautistas se negaron a asociarse con cualquiera de los dos grupos al sentir que ambos estaban muy influenciados por sistemas doctrinales hechos por hombres. Estos eran llamados Bautistas Regulares.

Henry D' Avers, un oficial del gobierno y líder militar, se convirtió en Bautista y escribió un libro sobre el bautismo que circuló ampliamente entre los Bautistas.

El asunto de la comunión con evangélicos, no-Bautistas se convirtió en un problema entre los Bautistas. Spillsbury y Kiffin se dividieron debido a esta discusión y Kiffin empezó una nueva iglesia que sólo tenía comunión con otros Bautistas. Spillsbury se fue entonces a las colonias americanas.

Un personaje de este período con un nombre muy inusual fue Alabanza a Dios Barbón, un predicador independiente que era miembro del Parlamento. Fue un líder político tan prominente que el famoso "Parlamento Largo" en el que él servía es también llamado el "Parlamento Alabanza a Dios Barbón." Al principio él era un oponente extremo de los Bautistas, pero después se convenció de que ellos estaban en lo correcto y se identificó con el movimiento Bautista.

El Rey James I fue sustituido por su hijo Carlos I, quien era un fuerte defensor de "el derecho divino de los reyes," el poder ilimitado de un rey basado en la voluntad de Dios. Carlos persiguió a todos los que estaban en desacuerdo (a los independientes), incluyendo a los Puritanos de la iglesia establecida. Muchos Bautistas huyeron a Holanda y otros a las colonias americanas. Leyes estrictas fueron dictadas en contra de todos los Anabaptistas, Congregacionalistas, Cuáqueros y otros independientes. Cuando murió Samuel Howe, un pastor Bautista, se le negó el entierro en un cementerio debido a que era Bautista y su familia fue forzada a enterrarlo en un camino local. Un famoso libro escrito en contra de los Bautistas durante este período fue llamado "El tintero." Estaba lleno de lenguaje extremo y falsas acusaciones dirigidas en contra de los Bautistas. Todos los predicadores que no estaban licenciados por la Iglesia de Inglaterra tenían prohibido predicar durante este tiempo. John Milton, el famoso autor de "El Paraíso Perdido, Paraíso Recuperado" comparó a la nueva Iglesia de Inglaterra con la vieja Iglesia Católica Romana. Una de sus frases más famosas fue, "Nuevos Presbíteros, pero viejos Sacerdotes todavía."

Un pastor Bautista llamado Samuel Oates de hecho ¡fue juzgado por asesinato debido a que bautizaba por inmersión! Una joven que él había bautizado murió varias semanas después de ser bautizada, y las autoridades decidieron que la inmersión le había causado la muerte. Oates fue juzgado por su "asesinato." Varios testigos testificaron que ella estaba en buena salud durante varias semanas después de su bautizo, y Oates fue encontrado inocente.

La conducta dictatorial de Carlos I finalmente empujó a los ingleses a una rebelión abierta contra él, y dos guerras civiles fueron peleadas. Después de la segunda guerra Carlos fue derrocado, arrestado y decapitado. Oliverio Cromwell, un líder político y militar con fuertes tendencias Puritanas se convirtió en el virtual dictador, oficialmente llamado "Señor Protector"-de Inglaterra. Muchos Bautistas habían apoyado a Cromwell, y algunos de sus generales eran Bautistas. Él era defensor de la libertad religiosa, y se oponía a los intentos de sus asociados Puritanos de perseguir a los Bautistas. Mientras el período llamado "Protectorado" continuaba, Cromwell finalmente cedió a la presión para permitir el acoso a los Bautistas, pero no permitió que hubiera la violencia que hubo en el pasado. Incluso escribió cartas defendiendo a individuos Bautistas. Durante su gobierno, los Bautistas crecieron y prosperaron en un grado increíble.

Durante ese tiempo se levantó un grupo radical conocido como "Los Hombres de la Quinta Monarquía." Sus líderes más prominentes eran Thomas Harrison, un General Bautista y Thomas Venner, un predicador independiente. Ellos eran "Postmilenia-listas," y creían que podían traer el retorno de Cristo y el Milenio si establecían el gobierno correcto. Algunos Bautistas apoyaban el movimiento de la Quinta Monarquía, mientras que otros se le oponían. Este movimiento fue eventualmente aplastado militar-mente por Carlos II. La participación de los Bautistas en este violento grupo después fue usada como excusa para perseguir a los Bautistas. Después de la muerte de Cromwell, su hijo no pudo mantener su gobierno. Encarando la anarquía, los ingleses restauraron en el trono al hijo de Carlos I, Carlos II. Antes de la restauración, Carlos había dado su palabra de apoyar la libertad religiosa, pero pronto rompió su promesa, persiguiendo a los no conformistas y a los Puritanos de la Iglesia Establecida. Muchos Bautistas fueron encarcelados y multados, pero ninguno fue oficialmente ejecutado por ser Bautista. Sin embargo, varios predicadores Bautistas fueron ejecutados por otros cargos, al parecer, muy sospechosos. Todo clérigo que enseñaba la sola autoridad de Las Escrituras era expulsado de la Iglesia de Inglaterra.

Benjamín Keach, un pastor Bautista, escribió un libro para niños explicando los principios Bautistas. Fue arrestado y sus libros fueron confiscados y quemados. Fue puesto en un cepo, y se le permitió a un grupo de maleantes locales atacarlo arrojándole basura y desperdicios.

Carlos nombró a William Laud como líder de la Iglesia de

Inglaterra. La causa de la fama de Laud era su odio hacia los Bautistas. A él se le acredita la declaración, "Sería feliz si viera a un Anabaptista irse al infierno sobre la espalda de un Brownsista." En 1641, Laud fue puesto en prisión bajo el cargo de alta traición y fue removido de su puesto.

La persecución contra los Bautistas continuó, pero de manera aislada y esporádica, ya no como en el pasado. Durante este tiempo la Iglesia Inglesa Establecida se retiró de su antigua práctica de bautizar por inmersión y comenzó a hacerlo por rociamiento. ¡Para 1648, la inmersión de cualquier persona era prohibida!

Después de la muerte de Carlos II, su hermano, James II, se convirtió en monarca. Daniel Defoe, autor de la famosa novela, Robinson Crusoe, se identificó con los Bautistas. También escribió en defensa de la libertad religiosa y fue arrestado dos veces por sus escritos. Bajo James II, generalmente continuó el mismo tratamiento hacia los Bautistas, y los Bautistas se opusieron a sus intenciones de reunir a la Iglesia de Inglaterra con la Iglesia Católica Romana. Pronto se vio ante la oposición de una violenta revolución, pero la revuelta fue aplastada y muchos, incluyendo a los dos nietos de William Kiffin, fueron arrestados y programados para ser ejecutados. El ya viejo Kiffin consiguió una audiencia con el rey, y suplicó por sus vidas, pero no tuvo éxito.

Uno de los más famosos Bautistas de este período fue, John Bunyan. Bunyan prefería llamarse independiente, pero es claro que enseñaba todos los Distintivos Bautistas. Fue arrestado tres veces por predicar sin licencia de la Iglesia de Inglaterra y esos arrestos sumaron un total de doce años de cárcel. Mientras estaba en prisión, escribió el clásico Cristiano, El Progreso del Peregrino, al igual que muchos otros libros. El Progreso del Peregrino es el libro Cristiano que es estimado (aparte de la Biblia) más que cualquier otro libro que jamás se haya escrito. Bunyan finalmente fue liberado y siguió siendo un predicador muy popular durante varios años. Ambos, Carlos II y James II se dieron cuenta de su popularidad. Murió tres meses antes de que la libertad religiosa llegara a Inglaterra.

Finalmente, la gente inglesa derrocó a James II en lo que ahora se conoce como la Revolución "Gloriosa" o "Sin Sangre." James tenía tan poco apoyo que tuvo que huir a Francia para ponerse a salvo. Los ingleses nombraron como su nuevo rey a William III, Rey de Holanda. William estaba casado con María, quien era miembro de la familia real de Inglaterra. También era descendiente de William el Silencioso y de Maurice. Mantenía las mismas posturas de libertad política y religiosa, y rápidamente estableció en Inglaterra una relativa libertad religiosa. Los días de multas y encarcelamientos terminaron.

Los Bautistas crecieron considerablemente en este nuevo ambiente de libertad que había en la nación, y en 1717, el primer colegio Bautista fue abierto en Inglaterra. El Dr. John Gill se convirtió en un famoso teólogo Bautista y portavoz a favor de la causa Bautista. La familia Stennett era particularmente importante entre los Bautistas ingleses. Edward Stennett pastoreaba una iglesia Bautista en Londres y fue seguido por su hijo, Joseph. Ambos eran escritores activos. El hijo de Joseph, Samuel, siguió a su padre y abuelo en el pastorado de la misma iglesia y se convirtió en portavoz de la causa Bautista.

Para mediados del siglo XIX, había más de 2,400 iglesias Bautistas en Bretaña. Había un buen número de publicaciones Bautistas y al menos once Colegios Bautistas. La mayoría de las iglesias Bautistas se unieron con el propósito de promover las misiones, y la organización fue llamada Unión Bautista.

El período de gran avivamiento conocido como el gran despertar tuvo un gran efecto en los Bautistas ingleses. Los más influyentes predicadores del gran despertar fueron John Wesley, el fundador Arminiano de los Metodistas, y George Whitefield, un Calvinista independiente. Muchos de los convertidos del gran despertar se unieron a iglesias Bautistas, y muchas de las nuevas iglesias Bautistas no siempre eran bien recibidas por los antiguos grupos establecidos. Una nueva comunión de Bautistas, usualmente llamada la Nueva Conexión de Bautistas, fue formada bajo el liderazgo de Dan Taylor.

Tal vez el más famoso Bautista inglés fue Charles Hadson Spurgeon, cuyo padre y abuelo habían sido predicadores independientes. Spurgeon fue salvo en una iglesia Metodista cuando era joven, y al estudiar Las Escrituras por sí mismo se convenció de la realidad de los Distintivos Bautistas.

El Fiel Testigo Bautista

Spurgeon levantó una iglesia muy grande en Londres, por mucho la iglesia más grande del mundo en ese tiempo. Se convirtió en una figura nacional en Inglaterra; sus sermones y comentarios eran puestos en periódicos alrededor del mundo. Comenzó su propio Colegio con el propósito de entrenar predicadores. Los días de gloria de Spurgeon, cuando la gente tenía que llegar con mucho tiempo de anticipación para conseguir asiento en su iglesia, son usualmente lo que más se recuerda de él; sin embargo, hay otro lado muy importante de su ministerio que revela su carácter y la posición de sus principios.

Para el tiempo en que Spurgeon llegó a ser prominente, las diferencias doctrinales iban creciendo entre los pastores de la Unión Bautista. Algunos líderes Bautistas ingleses comenzaron a negar la Inerrancia de Las Escrituras, mientras que otros enseñaban el universalismo, la idea de que eventualmente toda la gente sería salva. Spurgeon peleó abiertamente contra estas herejías e identificó a los falsos maestros por nombre. Esto, comúnmente es llamado, "La Controversia de Degradación" Después que la Unión Bautista falló al no tomar una posición clara sobre este asunto, Spurgeon abandonó al grupo y representantes de la Unión Bautista votaron dos mil cincuenta contra siete para señalar a Spurgeon como un Divisionista. Su propio hermano, James, fue quien hizo la propuesta ante el grupo.

Aun cuando Spurgeon se mantuvo como el más prominente predicador de Inglaterra, su popularidad sufrió, y ya nunca estuvo lejos de controversias.

La preocupación de Spurgeon por la Unión Bautista probó ser real. Cincuenta años después de "la Controversia de Degradación" el modernismo se apoderó del movimiento Bautista en Inglaterra. Hoy, son pocos los Bautistas en Inglaterra que aún mantienen los fundamentos de la fe Cristiana y los Distintivos Bautistas. El Modernismo consiguió lo que siglos de persecución de parte del gobierno y la iglesia establecida fueron incapaces de conseguir. Virtualmente han silenciado el testimonio Bautista en Inglaterra.

CAPÍTULO 27

LOS BAUTISTAS EN LAS COLONIAS AMERICANAS Y EN LOS CONFINES DE LA CIVILIZACIÓN

"Bienaventurados los que padecen persecución por causa de la justicia; porque de ellos es el reino de los cielos. Bienaventurados sois cuando por mi causa os vituperen y os persigan, y digan toda clase de mal contra vosotros, mintiendo. Regocijaos y alegraos; porque vuestro galardón es grande en el cielo; porque así persiguieron a los profetas que fueron antes de vosotros." (Mt 5:10-12)

Los famosos Peregrinos tenían muchas ideas Bautistas, aun cuando ellos mismos no lo eran. Enseñaban la autoridad única de Las Escrituras, el sacerdocio de todos los creyentes, la separación de la iglesia y el estado, la libertad espiritual, las iglesias independientes y el concepto de membresía de regenerados en la iglesia. Llegaron al Nuevo Mundo con el propósito expreso de ser libres para elegir qué creer y adorar. Soportaron lo inhóspito de las tierras silvestres para poder disfrutar la libertad religiosa y estuvieron dispuestos a pagar el precio para obedecer al Señor.

El área en la que los Peregrinos no eran Bautistas era en su entendimiento de la doctrina del bautismo. La mayoría de ellos aceptaba el bautismo de infantes y por rociamiento. Sin embargo, de los peregrinos salió un grupo de personas que después de estudiar Las Escrituras se convirtieron en Bautistas. Francis Cooke, uno de los pasajeros originales del Mayflower, se convirtió en predicador Bautista. Esto sucedió después del establecimiento de una Colonia Bautista en Rhode Island. Cooke se fue al área de Darmouth, y empezó una iglesia Bautista. Los peregrinos apoyaron su libertad religiosa y varios de ellos se unieron a su iglesia. Pronto hubo un buen número de Bautistas en las áreas donde los Peregrinos se establecieron.

El Fiel Testigo Bautista

Cuando los Puritanos se establecieron alrededor de los Peregrinos, trajeron consigo ideas de iglesia-estado, y pronto empezaron a acosar a los Bautistas y a los no conformistas. El predicador inglés independiente, Roger Williams, huyó de la persecución de William Laud y se fue a la villa de Salem, Massachusetts y allí se convirtió en el pastor de la iglesia. Dos de sus enseñanzas enfurecieron a los Puritanos. Primero, enseñó la completa separación de la iglesia y el estado, y segundo, buscó la conversión de los Indios. Pronto fue expulsado de Nueva Inglaterra. Williams obtuvo permiso de Carlos II para establecer una colonia donde todos pudieran disfrutar la libertad religiosa. Esto se convirtió en la colonia de Rhode Island. Pero en realidad aquello era un experimento de Carlos II. Un establecimiento comenzó en Providence en una tierra comprada a los Indios. Un buen número de Bautistas huyeron a ese lugar para obtener seguridad, y Williams se convenció de que sus enseñanzas sobre el bautismo eran correctas. Fue bautizado por uno de ellos, y pronto él bautizó a otros diez; sin embargo, después de tres meses renunció a su identificación como Bautista y otra vez se declaró independiente. Frecuentemente decía que los Bautistas eran lo más cercano a las iglesias Neotestamentarias, pero también decía que en esos días no existía ninguna iglesia completamente fiel al Nuevo Testamento.

Williams continuó promoviendo la colonia de Rhode Island y negociando con el gobierno Inglés y con los Indios. Tuvo mucho éxito con los Indios, más que cualquier otro líder de la Colonia. Defendió la separación de la iglesia y el estado en muchas publicaciones importantes. Los puritanos querían destruir militarmente la colonia de Rhode Island, pero no pudieron debido a la carta constitucional real conseguida por Williams y conservada por las negociaciones que llevaba junto con John Clarke con el gobierno Inglés.

La primera iglesia Bautista que aún continúa en América fue fundada por John Clarke. Él frecuentemente es recordado como el padre de los Bautistas americanos. Fue líder en la colonia de Rhode lsland y plantador y constructor de iglesias. En una ocasión él y otros dos miembros de su iglesia fueron a visitar a un anciano miembro de su iglesia, que vivía bajo la jurisdicción de la colonia de la bahía de Massachusetts. Durante aquella visita los dos hombres que le acompañaban fueron arrestados y se les ordenó que pagaran multas, pero uno de ellos, Obadiah Holmes, se negó a pagar y fue azotado públicamente. Esto hizo que Henry Dunster, primer Presidente de la Universidad de Harvard, decidiera estudiar las posiciones Bautistas. Dunster quería saber por qué Holmes estaba dispuesto a sufrir persecuciones por el bautismo de los creyentes. Su estudio lo convenció de la verdad de esta doctrina y cuando lo expresó públicamente, fue despedido de Harvard.

Obadiah Holmes después sustituyó a John Clarke como pastor de la Iglesia Bautista en Newport, Rhode Island.

La influencia de Williams y Clarke creó una colonia en la que todos los hombres podían adorar según su propia conciencia, y había muchas Iglesias Bautistas en la colonia; sin embargo, muchos grupos religiosos tenían representación en la colonia. Un historiador escribió, "A pesar de tantas diferencias, aquí hay menos conflictos sobre la religión que en cualquier otro lugar; la gente vive tranquilamente con sus vecinos, sin importar la religión que profesan."

A pesar de las persecuciones que les esperaban, los Bautistas continuaron creciendo en la colonia de la bahía de Massachusetts y Rhode Island. Fueron grandemente influenciados por un pastor Galés de nombre John Miles. Una iglesia Bautista comenzó en Boston en la casa del pastor Thomas Gould, y la persecución pronto vino. Varias personas fueron puestas en prisión por simpatizar con los Bautistas, incluyendo a la madre de David Yale, fundador de la Universidad de Yale.

Los Puritanos eran implacables en su persecución de los Bautistas, Cuáqueros y otros no-conformistas. Este fue el tiempo de la famosa "Cacería de brujas." Muchas personas en Salem fueron acusadas de hechicería y fueron castigadas sin que hubiera ninguna evidencia real en su contra. Los Bautistas se oponían a la cacería de brujas. Robert Calif, el pastor de la iglesia Bautista en Boston, escribió un libro en contra de la insensatez de aquellos juicios, y luego los Puritanos acusaban a los Bautistas de ser defensores del diablo.

El Fiel Testigo Bautista

Un importante líder Puritano se arrepintió públicamente de perseguir a los Bautistas y habló abiertamente de la libertad religiosa. Cotton Mather (quien había sido un terrible perseguidor), predicó el sermón de la ordenación de un Bautista en 1717. Desafortunadamente, muy pocos Puritanos estaban de acuerdo con él.

William Penn, cuyo padre era Bautista, fundó la colonia de Pennsylvania. Penn, que era Cuáquero, fue defensor de la libertad religiosa, y pronto hombres de todas las inclinaciones religiosas emigraron a la nueva colonia. Bautistas de Inglaterra, Gales, Massachusetts y Rhode Island pronto se fueron a vivir a Pennsylvania y comenzaron iglesias allí. Elías Keach, hijo de Benjamín Keach, vino a Pennsylvania y se convirtió en líder entre los Bautistas americanos. Eventualmente regresó a Londres y se convirtió en pastor allí. Un buen número de Cuáqueros de Pennsylvania se convencieron del bautismo de los creyentes y fueron conocidos como Cuáqueros Bautistas.

Un grupo de alemanes que aceptó el bautismo de creyentes se asentó en Nueva York y Pennsylvania. Eran conocidos como Dunkers o Bautistas Alemanes.

Muchos Bautistas también se quedaron en la colonia de Nueva Jersey. Incluían a Bautistas de Inglaterra, Holanda y Alemania. Obadiah Holmes se fue a vivir a Nueva Jersey y pastoreaba una iglesia Bautista allí. William Screven ayudó a organizar la Primera Iglesia Bautista en Maine, pero la persecución lo forzó a él y a otros Bautistas de Maine a irse a Carolina del Sur. Los primeros gobernantes de Carolina del Sur se determinaron a establecer la Iglesia de Inglaterra por la fuerza pero constantemente encontraron resistencia de los pobladores. Gobernadores posteriores simpatizaban con la libertad religiosa (uno de ellos se dice que era secretamente Bautista), y titubeaban ante la idea de forzar el concepto de una iglesia establecida.

Había Bautistas entre los colonos holandeses originales de Nueva York y los Bautistas Ingleses pronto se fueron para allá, después que Nueva York fue capturada por los ingleses.

Había algunos Bautistas en las colonias del Sur antes del

gran despertar; sin embargo, algunos Bautistas Generales se habían ido a Virginia. Había muy pocas congregaciones Bautistas. Después, una gran cantidad de Bautistas de Maryland y Gales se mudaron a a Virginia.

Las iglesias Bautistas de Filadelfia organizaron la Asociación Bautista de Filadelfia que les proveyó una base de cooperación en varios proyectos. Esta idea de una asociación voluntaria se hizo muy popular y era un vehículo común para las iglesias Bautistas al llevar a cabo proyectos unidos. La mayoría de los gobiernos coloniales trataban a los Bautistas con hostilidad o persecución directa. Sólo en Rhode Island, Pensilvania y Delaware (y temporalmente en New York, New Jersey y Maryland) encontraron la libertad religiosa y la separación de la iglesia y el estado que era para ellos de suma importancia. En algunas colonias, la persecución llegó a ser tan grande como lo había sido en Inglaterra. Varios Bautistas de Nueva Inglaterra formaron la Asociación Bautista Warren con oficinas generales en Warren, Rhode Island, con el propósito de hacer campañas a favor de la libertad religiosa en las colonias. La Asociación Warren eligió a Issac Backus como su portavoz, y viajó por las colonias haciendo campañas por la libertad religiosa y organizando ayuda para iglesias en problemas. Dirigió la batalla contra el pago de impuestos para sostener las iglesias establecidas, contra licencias estatales para predicadores y contra las limitaciones para la publicación de literatura religiosa. Mientras continuaba este trabajo, Backus se mantuvo como pastor de la misma iglesia Bautista por sesenta años.

Los Bautistas en Virginia se encontraban en gran conflicto con la Iglesia de Inglaterra, que era la establecida por el gobierno colonial. Se obligaba a los Bautistas a pagar impuestos para la iglesia del estado, pero la mayoría se rehusaba. Se les ordenaba que obtuvieran licencias del estado o que cerraran sus ministerios, pero también se negaban. Se ofrecieron recompensas para cualquiera que entregara a un Bautista o Cuáquero. Los niños eran arrebatados de sus padres Bautistas y bautizados a la fuerza.

El gran despertar llevó a un tremendo aumento en el número de los Bautistas en Virginia; Bautistas Generales, Regulares y Particulares. Eventualmente los Regulares y Particulares se unieron,

El Fiel Testigo Bautista

y un nuevo grupo que fue muy influenciado por el gran despertar alcanzó popularidad. Ellos eran liderados por Samuel Steams y eran de doctrina Arminiana, de posición evangelista y se oponían al entrenamiento Bíblico formal de predicadores. Este movimiento Bautista separado creció mucho en Virginia.

En 1768, tres Bautistas fueron arrestados por testificar en Virginia, y continuaron predicando por la ventana de la cárcel del condado de Culpepper. Esto causó que grandes multitudes se levantaran y las autoridades finalmente liberaron a sus prisioneros para que aquella situación no continuara. Esto llevó a un gran resurgimiento de la persecución. Los Bautistas eran constantemente multados por no asistir a la iglesia del estado. Los no Bautistas como Patrick Henry, Thomas Jefferson y James Madison salieron en su defensa. El amor por la libertad que estaba a punto de ser expresado en la Guerra de Independencia se llenó de indignación cuando veía estos ejemplos de tiranía de parte del gobierno colonial. Patrick Henry defendió en la corte a los Bautistas que eran acusados de predicar sin licencia, y lo hizo sin costo para los predicadores. Su elocuencia y su influencia política generalmente llevaban a resultados de absolución. Jefferson y Madison hicieron campañas en pro de la libertad religiosa en la legislación del estado; sin embargo, los Bautistas no tuvieron libertad hasta después de que la Guerra de Independencia había sido peleada y ganada.

Los Bautistas jugaron un papel prominente en el asentamiento de Kentucky. El famoso explorador y fundador, Daniel Boone, era Bautista. De hecho, todo el asentamiento en Boonesborough parece haber sido Bautista. Squire Boone el hermano de Daniel, era un pastor Bautista ordenado que fundó la Primera Iglesia Bautista en Kentucky; después fundó la Primera Iglesia Bautista en Indiana, cerca de las Cavernas Squire Boone. Los Bautistas se extendían por todo Kentucky.

El primer Seminario en América fue establecido por un Bautista en Nueva Jersey en 1756. Un Colegio Bautista fue fundado en Rhode Island con el apoyo de los Bautistas de todas las colonias.

CAPÍTULO 28

LOS BAUTISTAS Y LA FUNDACIÓN DE LA REPÚBLICA AMERICANA

Bases Bíblicas para las tres ramas de gobierno en América

"Porque Jehová es nuestro juez, Jehová es nuestro legislador, Jehová es nuestro Rey, Él mismo nos salvará." (Isaías 33:22)

El 4 de Mayo de 1776 (dos meses antes de la Declaración de Independencia), la Colonia de Rhode Island oficialmente se separó de Gran Bretaña y repudió cualquier lealtad hacia el rey Jorge III. La gran cantidad de Bautistas que habitaban en esta colonia (la cual había sido fundada por Bautistas), condujeron a la Colonia hacia su demanda de libertad. Su doctrina de libertad espiritual llevó lógicamente a la idea de la libertad personal, libre de interferencia del gobierno. Rhode Island siempre había sido la más libre de todas las colonias. Rhode Island no tenía leyes que restringieran la religión, ni impuestos sin representación, además de que no tenía ningún gobernador puesto por el Rey.

Rhode Island pronto fue tomada por ejércitos británicos, pero una fuerte resistencia local contuvo a una gran cantidad de tropas inglesas hasta que el gobierno británico decidió que no valía la pena ocupar la Colonia.

Los Bautistas estaban entre los primeros grupos que reconocieron al Congreso Continental como el gobierno civil legítimo de la nueva nación. Varias Asociaciones de Iglesias Bautistas escribieron cartas de reconocimiento al Congreso que usualmente incluían apelaciones a los congresistas para recordarles que muchas colonias aún no tenían libertad religiosa. Era tal el apoyo de los Bautistas hacia la guerra de independencia que existe el registro de que sólo un pastor Bautista apoyó al gobierno británico. Incluso los Bautistas en Inglaterra apoyaban a los patriotas americanos. El Dr. Rippon, un pastor Bautista muy conocido en Londres, escribió lo siguiente al presidente Manning del Colegio de Rhode Island:

El Fiel Testigo Bautista

Creo que todos los ministros Bautistas del pueblo, con excepción de dos, y la mayoría de nuestros hermanos en el país estaban del lado de los americanos en la reciente disputa. . . Nosotros lloramos cuando las sedientas planicies bebieron la sangre de nuestros héroes que partieron, y el grito de un rey estaba entre nosotros cuando sus bien peleadas batallas fueron coronadas con la victoria; y en esta hora nosotros creemos que la independencia de América asegurará, por un tiempo, la libertad de este país, pero si ese continente hubiera sido reducido, Bretaña no hubiera sido libre por mucho tiempo.

Para los Bautistas ingleses el respeto por la libertad religiosa y personal significaba más que el deseo de controlar las colonias americanas para obtener ganancias financieras.

Richard Furman, pastor de una iglesia Bautista en Charleston, Carolina del Sur, se convirtió en un muy conocido portavoz en contra de los ingleses. Fue perseguido hasta afuera de Charleston por agentes ingleses, y huyó hacia un campo militar americano. El famoso general británico de esa región, Lord Cornwallis, es citado por haber dicho que "le tenía más temor a las oraciones de ese joven piadoso (Furman), que a los ejércitos de Sumter y Marion." De hecho, él ofreció una gran recompensa a cualquiera que matara o capturara a Furman. Recordando este incidente, años después, el presidente James Monroe invitó a Furman para que le predicara al Congreso y a los líderes del gobierno.

Muchos predicadores Bautistas sirvieron como capellanes en el ejército patriota, el más famoso de los cuales fue John Gano. Gano fue anteriormente uno de los dos evangelistas comisionados por la Asociación de Filadelfia. El otro evangelista era Morgan Edwards, el único líder Bautista registrado como oponente de la guerra de independencia.

Gano se convirtió en un firme amigo de George Washington, y se decía que sus argumentos convencieron a Washington de la verdad del bautismo de los creyentes. Existe el registro de una iglesia que dice que Gano bautizó a Washington por inmersión enfrente de cuarentaidos testigos.

Muchas iglesias Bautistas fueron devastadas por la guerra, como la iglesia de Gano en Nueva York que era usada como establo por la caballería Inglesa. Muchas iglesias Bautistas fueron destruidas.

John Hart de Hopewell, Nueva Jersey, fue Bautista y firmante de la Declaración de Independencia. Fue forzado a huir para salvar su vida y la mayoría de sus propiedades y construcciones fueron destruidas. Claro, él había entregado todo por la causa de la libertad cuando firmó la declaración de Independencia. Mantuvo su palabra, aun a pesar de que le costó perderlo todo.

Después de terminada la guerra, el tiempo más crucial vino para nuestra nación. Era un tiempo de desarrollo nacional. La mayoría de las revoluciones que se pelean por la libertad terminan fallando en este período, generalmente llevando a un gobierno peor que el que fue derrocado. El deseo de crear una Republica Constitucional Democrática era una respuesta única a la cuestión de un gobierno civil. Por varios años la adopción de la Constitución se debatió fuertemente. En el Norte, se le atribuye al trabajo de los Bautistas en Massachusetts el haber asegurado la adopción de la Constitución en ese estado. Issac Backus hizo una exhaustiva campaña en pro de la Constitución pues sentía que representaba la mayor oportunidad para asegurar la separación de la iglesia y el estado.

En Virginia, la batalla sobre la adopción de la constitución se peleaba fieramente. Patrick Henry usó toda su influencia para oponerse a la ratificación de la Constitución porque no creía que había en el documento suficientes garantías que aseguraran la libertad. Los Bautistas estaban de acuerdo, pero sentían que era un paso importante en la dirección correcta. John Leland del Condado de Culpepper, amigo cercano de Thomas Jefferson, fue el más prominente portavoz de los Bautistas. De hecho, Jefferson ocasionalmente acudía a su iglesia y mencionaba a Leland como una influencia en su filosofía de gobierno. Leland llevó a los Bautistas de Virginia a apoyar a James Madison en su pelea por la Constitución. El papel que jugaron los Bautistas fue tan importante que se les reconocía por haber hecho la diferencia en ese estado de crucial importancia. Después, los Bautistas ayudaron a Madison a ser elegido en la Cámara de Representantes, y desde ese puesto Madison hizo campaña a favor del Acta de Derechos, especialmente del Artículo Primero.

El Artículo Primero fue demandado por todos los Bautistas para asegurar su libertad religiosa por la cual habían esperado mucho tiempo. El Artículo garantiza que: "El Congreso no hará ninguna ley con respecto al establecimiento de una religión o prohibición del libre ejercicio de la misma." Los Bautistas ahora tenían en papel lo que tanto tiempo habían deseado, una garantía de separación de la iglesia y el estado (gobierno nacional).

Sin embargo la victoria estaba ganada sólo a medias, pues los gobiernos de los estados aún tenían la libertad de promulgar las leyes que desearan respecto a la religión. De esto se encargó el gobierno federal con la promulgación del Artículo Catorceavo después de la Guerra Civil. Ese artículo declara que los estados no pueden limitar los derechos otorgados por el gobierno federal.

Estados como Virginia, Massachusetts y Connecticut aún tenían iglesias establecidas muy poderosas y varias formas de persecución religiosa. La oposición a estas iglesias establecidas era fuerte en todas estas colonias. En Virginia, se hizo un intento por alcanzar un compromiso. Políticos prominentes de Virginia, incluyendo a Patrick Henry, propusieron reconocer a cuatro grupos religiosos en el estado, a los Episcopales (nuevo nombre para la iglesia de Inglaterra), Presbiterianos, Bautistas y Metodistas. A cada ciudadano se le permitiría pagar un impuesto para cualquiera de esas iglesias que escogiera. Esto fue vigorosamente apoyado por las iglesias Episcopales y Presbiterianas, mientras que los Metodistas estaban divididos en sus opiniones sobre el tema. Sin embargo, los Bautistas, pelearon vehementemente contra esa propuesta. Los objetivos Bautistas no incluían beneficios dados por el gobierno, sino sólo la libertad religiosa. Thomas Jefferson y James Madison dirigieron la lucha por la total libertad religiosa. En 1785, tuvieron éxito, y la Iglesia Episcopal ya no fue apoyada ni sostenida por el gobierno. La Iglesia Episcopal pronto se colapsó pues sus iglesias y clérigos ya no eran sostenidos por el dinero de los impuestos. La iglesia Episcopal dejó de ser una influencia importante en Virginia.

Thomas Jefferson se convirtió en objeto del odio de aquellos que deseaban una iglesia de estado. En sus propias creencias religiosas, Jefferson negaba la Deidad de Cristo, la salvación personal y la Inspiración de Las Escrituras. En el pensamiento de algunos, estas creencias motivaban su oposición a la iglesia del estado, y fue acusado vigorosamente de tratar de usar el gobierno para promover el ateísmo y la infidelidad.

En sus ataques contra Jefferson, La iglesia Episcopal ignoraba el hecho de que él era un miembro de buena posición en una de sus propias congregaciones. Los Presbiterianos se unieron en la condena a Jefferson, pero él encontró un gran número de aliados entre los Bautistas. Habló con Asociaciones Bautistas y recibió cartas de apoyo de parte de Iglesias Bautistas. John Leland abiertamente hizo campaña buscando ser elegido para la Presidencia. Estos inesperados aliados estaban ligados por su lealtad a la libertad individual y la separación de la iglesia y el estado.

La batalla por la libertad religiosa se libró en Massachusetts por largo tiempo. Con Issac Backus dirigiéndolos, los Bautistas pelearon en contra de la paga de impuestos a la iglesia del estado y en contra de la emisión de licencias para predicadores. Cuando el estado, tratando de evitar futuros conflictos, ofreció dar licencia automáticamente a cualquier predicador Bautista, Backus siguió negándose. Backus sentía que no podía aceptar tales licencias sin reconocer un poder en los hombres que sólo le debía pertenecer a Dios. La lucha en Massachusetts continuó por largo tiempo. No fue sino hasta 1833 que allí se permitió la total libertad religiosa. La negativa de los Bautistas y Cuáqueros de abandonar sus convicciones religiosas vio fruto cuando finalmente forzaron al gobierno del estado a cambiar.

George Washington es citado por haber dicho que los Bautistas fueron "Por toda América, uniforme y casi unánimemente, los más firmes amigos de la libertad civil, y perseverantes promotores de nuestra gloriosa revolución." Sin duda alguna, los Bautistas jugaron un papel muy importante en asegurar la independencia y establecer la libertad en nuestra nación.

¿No volverás a darnos vida, para que tu pueblo se regocije en ti? (Salmos 85:6) RVG

CAPÍTULO 29

LOS BAUTISTAS SE ESPARCEN

DE COSTA A COSTA

"Y el Dios de toda gracia, que nos ha llamado a su gloria eterna por Cristo Jesús, después que hubiereis padecido un poco de tiempo, Él mismo os perfeccione, afirme, corrobore y establezca. A Él sea gloria e imperio para siempre. Amén." (1 Pedro 5:10-11)

A fines del siglo XVIII, hubo varios intentos de unir a los Bautistas Separados y a los Regulares en una Asociación de Compañerismo. Algunos finalmente lograron esto y comenzaron a llamarse a sí mismos Bautistas Unidos, mientras que otros continuaron usando los nombres de Bautistas Separados y Bautistas Regulares.

Mientras el nuevo país se extendía de costa a costa, el movimiento Bautista lo seguía. Después de la guerra de independencia, Bautistas dirigidos por Hezekiah Smith y Margan Edwards, comenzaron iglesias misioneras por toda Nueva Inglaterra. Isaac McCoy se convirtió en misionero para los indios, y Luther Rice dirigió a los Bautistas para llevar a cabo un esfuerzo de misiones foráneas común, y lo llamaron, Convención Misionera Bautista.

Los Bautistas formaron una Sociedad Doméstica Americana Bautista y Misionera con el propósito de comenzar nuevas iglesias en la frontera. Sin duda, su más famoso representante fue John Peck, un ex Congregacionalista que se convenció de la verdad de los Distintivos Bautistas. En 1817, fue enviado como misionero al área del Oeste del Mississippi. Durante sus primeros catorce años estableció más de treinta iglesias, ayudó a establecer un colegio Bíblico en Illinois y levantó las finanzas para el trabajo de Misiones Indias de Issac McCoy. Peck no era conocido por tener facilidad de palabra, pero era considerado como un maestro organizador.

Comenzó Iglesias y Escuelas Cristianas a través de todos los estados del Oeste. Después de catorce años tuvo problemas de salud, y requirió de un largo reposo. Regresó a su trabajo y continuó dejando un rastro de iglesias y escuelas tras sí.

Los Bautistas a menudo se encontraban entre los primeros pioneros en todas las regiones del Oeste.

- La primera Iglesia en Kentucky fue Bautista.
- La primera Iglesia en Indiana también fue Bautista.
- La primera Iglesia no Francesa ni Católica en Illinois fue Bautista.
- La primera Iglesia en Cincinnati fue Bautista.

El pastor de esta iglesia, John Smith, después se vio envuelto en la conspiración dirigida por Aaron Burr para crear una nueva nación al Oeste de los Montes Apalaches y Smith fue forzado a dejar el área.

En Nueva Inglaterra, donde el Calvinismo había sido fuerte entre los Bautistas, se desarrolló una respuesta igual de fuerte. Bajo el liderazgo de Benjamín Randall, los Bautistas no Calvinistas formaron una nueva Asociación y se autonombraron Bautistas de Libre Albedrio. Este movimiento pronto creció hasta ser más grande que el grupo de Bautistas Calvinistas de Nueva Inglaterra y pronto estaban enviando misioneros al Oeste.

La Sociedad Doméstica de Misiones Bautistas (Baptist Home Missions Society) continuó enfocándose hacia el Oeste y uno de sus misioneros fundó la Primera Iglesia Bautista de Chicago. Sus agentes fundaron las primeras iglesias Bautistas de India-nápolis, St. Paul, Minneapolis, Omaha, Denver, Portland, Los Ángeles, Sacramento y de muchas otras ciudades al Oeste de los Apalaches. Para 1832 había novecientas iglesias Bautistas al Oeste del Mississippi. Desafortunadamente, la Guerra Civil y las contro-versias entre los Bautistas (vea el capítulo 31) debilitaron la gran influencia de esta fuerza plantadora de iglesias.

El evento que ha sido llamado el Segundo Gran Avivamiento (también llamado el Gran Avivamiento de 1800) tuvo gran influencia en los Bautistas, al igual que en otros grupos religiosos.

El Fiel Testigo Bautista

Después de la Guerra de Independencia, la vida espiritual de la nación declinó grandemente. El Whiskey se convirtió virtualmente en la bebida nacional (reemplazando al té), y el Unitarismo se volvió muy fuerte entre las denominaciones. Las sociedades secretas se volvieron una parte importante en la vida de muchos americanos. Las Biblias eran muy caras y difíciles de obtener. John Peck declaró que esta escasez de Biblias fue la más grande dificultad para establecer iglesias sólidas en el Oeste.

En 1800, surgió un gran reavivamiento. Muchas iglesias fueron reanimadas y varias denominaciones experimentaron gran crecimiento. Esto fue especialmente cierto en las grandes ciudades del Este. En el Oeste, las reuniones en el campo se hicieron muy populares y grandes multitudes se reunían en tabernáculos diseñados especialmente para tales reuniones. La predicación era llevada a cabo por predicadores de varias denominaciones evangélicas. Los Bautistas, Metodistas y Presbiterianos seguido trabajaban juntos en estas reuniones que a menudo eran muy emocionales. La gente perdía el conocimiento, se convulsionaba y se jaloneaba de lado a lado y seguido se desmayaban. Estas reacciones tan extremas causaron que muchos sintieran que el avivamiento estaba siendo corrompido, y muchos Bautistas se retiraron de las reuniones.

La asistencia a las iglesias creció grandemente por todo el país y muchas iglesias Bautistas doblaron o triplicaron su membresía. Los historiadores aún debaten sobre si la influencia de las reuniones en el campo y del segundo gran avivamiento fue buena o mala. Sin duda, algunas cosas desafortunadas salieron de este período, pero su influencia en general llevó a muchos a la Biblia y a las Iglesias Evangélicas.

Los Bautistas se movieron a la región que ahora es Florida, Mississippi, Lousiana y Arkansas cuando esa región todavía estaba controlada por España. La Primera Iglesia Bautista en Mississippi comenzó durante este período. Richard Curtís padre, sus hijos y varios de sus amigos fueron a esa región después de la Guerra de Independencia. La mayoría de estos hombres habían peleado bajo las órdenes de Francis Marion, el famoso "Zorro del Pantano." Sus hogares habían sido destruidos durante la guerra y buscaban un nuevo comienzo. Fundaron la Iglesia Bautista de Salem, aun a pesar de que no tenían un predicador disponible. Tuvieron varios convertidos, y la duda surgió sobre quién debería bautizarlos, al final escogieron a uno de sus miembros para administrar el bautismo.

Un líder Católico prominente, Stephen De Alva, se convirtió y bautizó, y se unió a la iglesia, y esto atrajo la atención de las autoridades locales. Richard Curtis hijo, (quien había realizado el bautismo) fue elegido como predicador. Se le ordenó que dejara de dar la enseñanza bíblica o de otro modo sería llevado como esclavo a las minas de México. Curtis continuó, y el ejército español emitió órdenes para la aprensión de Curtís, De Alba y otro miembro de la iglesia. Se les forzó a huir a Carolina del Sur, pero regresaron tres años después cuando los Estados Unidos habían tomado control del área. De Mississippi, los Bautistas empezaron a extenderse a través de las regiones Católicas Romanas.

A los años antes de la Guerra Civil se les describe como "Los años de la expansión Bautista." Al resto del siglo XIX se le llama "los años de la educación Bautista." En la mayoría de las áreas, las asociaciones locales de Bautistas se formaban para promover proyectos conjuntos. En el nivel estatal, se formaron comisiones misioneras, y éstas usualmente se identificaban o con la Convención del Sur o con la Convención del Norte. Los Colegios Bíblicos, Universidades, Seminarios y Agencias de Publicaciones se volvieron comunes. Una organización nacional de gente joven se formó en esos días y alcanzó a miles para Cristo.

Para 1850, se estima que una de cada once personas se identificaba con los Bautistas. Los Bautistas ya no eran el rechazo de la sociedad o el objeto de la persecución y las escuelas Bautistas seguido tenían alumnos no Bautistas. Los Bautistas incluso se podían postular para ocupar cargos públicos. Sam Houston, primer presidente de la República de Texas, y primer Gobernador de Texas después de que se convirtió en estado fue un Bautista activo.

El énfasis en colegios, campos bonitos, y el reconocimiento académico parece que cambiaron el carácter del movimiento Bautista de esta época. El Reverendo Thomas Curtís de Carolina del Sur dijo:

Los requisitos para una institución de aprendizaje son tres B: Bucks Books and Brains (Dinero, Libros y Cerebros). Nuestros hermanos generalmente empiezan en el lado incorrecto de las tres B; gastan todo su dinero en ladrillos, no les queda nada para comprar libros y después tienen que tomar el cerebro que puedan conseguir. Pero nuestros hermanos deberían empezar por el otro lado de las tres B.

En un intento de rectificar de alguna forma esto, los líderes Bautistas pusieron un gran énfasis en la enseñanza bíblica y la educación en seminarios. J.P. Boyce se convirtió en un líder de este movimiento y cambió la manera de pensar de muchos en cuanto a los seminarios. Promovía la admisión de gente no graduada de universidad, la experiencia práctica de los estudiantes y demandaba dedicación de todos los maestros para ser leales a los Distintivos Bautistas. Fue uno de los fundadores del Seminario Teológico Bautista del Sur. Durante la vida de Boyce, este seminario parecía inspirar el regreso a las bases entre muchos Bautistas.

Un profesor influyente en este seminario fue John Bradus, quien había sido un exitoso pastor y ahora estaba dedicado al entrenamiento de jóvenes para predicar el evangelio. Él promovió la producción de literatura de Escuelas Dominicales y la primera casa de Publicaciones Bautista del Sur se llamó Broadman Press en honor a él y a otro profesor del seminario, de nombre Basil Manly, Jr. Estos hombres fueron Bautistas devotos que ayudaron a entrenar a muchos predicadores Bautistas.

Uno de los profesores en el seminario sureño, Crowford Toy, brillante erudito, cambió su posición sobre Las Escrituras y comenzó a cuestionar su Inerrancia. Se le despidió del seminario en lo que fue uno de los primeros conflictos provocados por el modernismo en los colegios Bautistas. Nos queda claro que este no fue el último conflicto. La batalla entre teólogos, conservadores y liberales, dominó los siguientes sesenta años de la historia Bautista.

El comienzo del siglo XX vio activos a los Bautistas en cada región del país. Los Bautistas han disfrutado de libertad por ya casi un siglo y son tan respetados como cualquier otro grupo religioso. Ellos ahora componen cerca de una dieciseisava parte de la población americana. La población americana tuvo un gran crecimiento debido a los millones de personas que emigraron de Europa, y muchas de estas personas eran de trasfondo Católico Romano o Luterano. El Catolicismo Romano es ahora el mayor grupo religioso en la nación y los Bautistas son el segundo.

CAPÍTULO 30

LOS BAUTISTAS Y EL MOVIMIENTO
MISIONERO MODERNO

"Ministrando éstos al Señor, y ayunando, dijo el Espíritu Santo: Separadme a Bernabé y a Saulo para la obra para la cual los he llamado. Y habiendo ayunado y orado, les impusieron las manos, y los enviaron." (Hechos 13:2-3)

William Carey nació en 1761 en un hogar Anglicano, pero a la edad de diecisiete años empezó a asistir a iglesias independientes. Poco tiempo después se convirtió a Cristo, y a la edad de veintiún años, él por sí mismo, emprendió un estudio sobre el bautismo de infantes. Se determinó a estudiar el tema hasta estar seguro de lo que la Biblia enseñaba. El resultado fue que se convenció de que el Bautismo era sólo para los creyentes y se presentó ante el pastor Bautista John Rayland para ser bautizado. Pronto, Carey inició una escuela y se convirtió en pastor Bautista.

Carey era conocido por su inusual combinación de grandes facultades intelectuales y su habilidad de ser práctico. Tenía también un gran dominio del estudio lingüístico, teología, historia y literatura, dominio que obtuvo de manera autodidacta. Sin embargo, se le recuerda más por su trabajo misionero.

Carey y algunos otros pastores Bautistas particulares fueron movidos por el énfasis sobre misiones y ganar almas que vieron en los Moravianos. Ellos empezaron a predicar sobre la necesidad de misiones en sus juntas locales de predicadores, y esta predicación fue recibida con una mezcla de reacciones. Algunos que hacían fuerte énfasis en la predestinación se opusieron vigorosamente en contra de establecer misiones. Otros reconocían que Las Escrituras ordenaban el evangelismo y determinaron obedecer ese mandato. Carey enfatizó que debían estar dispuestos a Orar, planear y pagar. ("Pray, Plan and Pay.")

El Fiel Testigo Bautista

Carey y Jolm Thomas (Médico Bautista) se ofrecieron como voluntarios para ser los primeros misioneros, mientras que el pastor Andrew Fuller aceptó la responsabilidad de manejar las finanzas para esta primera Sociedad Bautista Misionera. Durante el resto de su vida, Andrew Fuller fue atacado duramente por sus esfuerzos para recaudar fondos para las misiones. Se convirtió en una figura muy controversial entre sus propios compañeros Bautistas Particulares; de cualquier modo, los misioneros testifican repetidamente que sin los esfuerzos de Andrew Fuller ellos hubieran estado destinados al fracaso.

Carey y Thomas encontraron muy poco éxito visible durante los primeros años de su ministerio en la India. La gente Hindú no respondía a su mensaje, y no tenían ningún conocimiento de Las Escrituras. Problemas de salud obligaron a Thomas a ir a Inglaterra, pero Carey contó entonces con la compañía de William Ward y Joshua Marshman. Ellos dedicaron sus talentos para traducir la Biblia al Bengalí, el lenguaje de mayor uso en la India. Para 1801, ya se encontraban distribuyendo el Nuevo Testamento en Bengalí. Carey eventualmente tuvo parte en la traducción de la Biblia a treinta y seis diferentes idiomas, incluyendo cada idioma de uso generalizado en la India. Algunas personas lo han llamado el más grande lingüista de todos los tiempos.

Joshua Mashman escribió un poema para celebrar la publicación del Nuevo Testamento en Bengalí:

¡Alabado seas, precioso libro Divino!
Iluminados por tus rayos,
Levantados somos de la muerte y el pecado
Y entonamos alabanza al Salvador:
Las sombras del error, oscuras cual la noche,
Se esfuman ante tu radiante luz
Ahora podrán los hindúes aprender
Las glorias de nuestro Rey:
Sin volverse a brujos ciegos,
Sin alabanza de ídolos cantar;
Difundiendo luz celestial

Este libro a sus Sutras confundirá.

Dígnate, Gracioso Salvador, dígnate,

Sonreír en aprobación a tu palabra;

Deja que millones obtengan

La salvación del Señor:

No dejes que sus conquistas se detengan

Hasta que la tierra se exalte en tu poder.

El trabajo Bautista de misiones en la India, que sólo había tenido un Bautismo en sus primeros siete años ahora empezaba a florecer. Literalmente miles se convertían y se bautizaban ¡más de dos mil en un domingo! Un poblador local, Ram Krishnapur, recibió un Nuevo Testamento, y tres años después un grupo de allí se presentó a Carey preguntándole, "¿Cómo podemos obtener los frutos de la muerte de Cristo?" Algunos de los pobladores de las villas ya creían y un buen número de ellos enseguida se bautizó. Varios sacerdotes hindúes se convirtieron y llegaron a ser predicadores Bautistas.

Carey tuvo que soportar muchas y muy duras pruebas mientras servía a Cristo en la India. Poco tiempo después de llegar allí, su esposa enfermó mentalmente y ya nunca se recuperó. En 1812 un incendio destruyó el equipo de impresión de la misión y también destruyó el trabajo lingüístico de muchos años, de Carey. Él simplemente hizo el trabajo otra vez.

Después de la muerte de Andrew Fuller la sociedad de Misiones en Inglaterra renunció a seguir siendo una agencia de servicio para los misioneros y demandó el control de sus actividades, pero Carey y sus compañeros se negaron. Él mandó este mensaje a la sociedad: "Nunca consentiremos en poner el poder sobre estas premisas y sobre nuestras personas en las manos de quienes se encuentran a una distancia de un cuarto de la circunferencia del mundo... seguiremos en nuestro trabajo sin sujetarnos a ningún control, aparte de la Santísima Palabra de Dios."

Carey y sus asociados tuvieron un impacto tan positivo en la India (durante un tiempo de gran dificultad para el imperio inglés) que fueron notados y elogiados por el parlamento inglés.

El Fiel Testigo Bautista

En 1812, Adoniram Judson, un misionero Congregacionalista americano, zarpó a la India para iniciar una emocionante y
fructífera carrera de servicio Cristiano. Él y su esposa sabían que
pronto se les uniría otro gran misionero Congregacionalista, Luther
Rice. Judson esperaba con anticipación el conocer al ahora famoso
William Carey. El nuevo misionero empezó un estudio intensivo
del bautismo de infantes para poder defenderlo ante el Bautista,
Carey, pero su estudio Bíblico lo llevó a concluir que los Bautistas
tenían la razón. Luther Rice pasó por circunstancias idénticas en su
viaje a la India. Ambos predicadores sorprendieron a Carey y sus
asociados al presentárseles en la Iglesia Bautista de Calcuta, en la
India para ser bautizados como creyentes.

Ellos informaron a sus patrocinadores de su cambio
doctrinal y de inmediato les suspendieron el apoyo financiero. El
gobierno Británico de la India se negó a recibir misioneros
americanos en la India, así que se decidió que Judson empezara un
trabajo misionero en Burma y que Rice regresara a los Estados
Unidos para impulsar el apoyo Bautista para las misiones.

Los Judson tuvieron pocas conversiones en los primeros
años de su ministerio; sin embargo, para 1823, él había traducido el
Nuevo Testamento al lenguaje de Burma. Otros misioneros se
unieron a los Judson, y hubo muchas conversiones y bautismos y se
dio inicio a un buen número de iglesias. Para 1832, Judson
restringió su trabo a la traducción y a la construcción de un
seminario para predicadores Burmeses. Judson y sus asociados
pasaron por muchas penurias físicas y períodos de persecución
gubernamental.

En los Estados Unidos, Luther Rice trabajaba duro
organizando el esfuerzo Bautista de apoyo a las misiones. Sus
escritos, su predicación y su habilidad como organizador influenciaron a muchas iglesias Bautistas para trabajar juntas por la causa de
las misiones. Esto llevó a la formación de la Convención General
Misionera de Bautistas. Su primer presidente fue un importante
líder Bautista de Carolina del Sur, Richard Furman. Su propósito
era el de ayudar a los misioneros Bautistas alrededor del mundo. La
Convención se responsabilizó del trabajo de Judson en Burma.
Ellos comisionaron a Issac McCoy como misionero para los indios

americanos, y McCoy tuvo grandes resultados; sin embargo, muy pocos Bautistas se le unieron en el ministerio entre los indios.

Judson llevó a Cristo a un hombre de Karen (una tribu que vivía en las montañas de Burma) que había sido un ladrón y había asesinado a más de treinta hombres. Este hombre, Ko-Thah-Byu, se dedicó a aprender Las Escrituras y trajo a miles de hombres de la tribu Karen a la ciudad a escuchar a los nuevos misioneros Bautistas americanos, George y Sara Boardrnan. Esto condujo a establecer la obra misionera entre los Karen, y pronto miles de convertidos estaban listos para ser bautizados. El mensaje se extendió más rápido que los misioneros. Cuando los predicadores Bautistas llegaron a la región de Bassein, ¡encontraron 5,000 convertidos listos para ser bautizados como creyentes! Pronto, misioneros de la tribu Karen y americanos fueron a las tribus Kachin del norte de Burma, resultando en más de un cuarto de millón de gente Kachin identificándose con Cristo en los siguientes noventa años.

La gente de Lahu, la gente de las montañas de Burma, China, Laos y Tailandia solicitaron que los Bautistas les enviaran misioneros, y de 1890 hasta 1936 hubo más de 2,000 bautismos de gente de Lahu cada año. El más famoso misionero Bautista asociado con este movimiento fue William M. Young. Asia del Sureste se convirtió en un área estratégica para la expansión misionera Cristiana a través de Asia.

Las misiones Bautistas también encontraron héroes entre la población negra de América, a pesar de que se les forzaba a servir en esclavitud. George Lisie fue un esclavo a quien su amo le dio la libertad para que pudiera convertirse en predicador. Él fue el primer Bautista de color ordenado como predicador en América, y, en 1778, inició una iglesia Bautista para negros en Savannah, Georgia. En 1783, viajó a Jamaica donde empezó una iglesia Bautista y bautizó a quinientos convertidos en diez años.

Otro ex esclavo fue Lott Cary a quien se le permitió ganar dinero para comprar su libertad después de su conversión y ordenación corno predicador. Él viajó con los colonizadores originales de Liberia y estableció la Primera Iglesia Bautista de Monrovia, la ciudad capital de Liberia.

El Fiel Testigo Bautista

La Convención Bautista Misionera, pronto empezó a apoyar Seminarios, Colegios Bíblicos, Compañerismos de Pastores, Escuelas Dominicales, y se involucró en programas para levantar fondos. Gran controversia se levantó entre los Bautistas sobre el movimiento misionero y la Convención Misionera.

Un grupo opuesto al movimiento misionero que se basaba en sus puntos de vista de la elección. Dirigidos por John Taylor y Daniel Parker, enseñaron agresivamente que Dios había predestinado a algunos para ir al Cielo y a otros para ir al Infierno, y creían que predicar el Evangelio al público general era un insulto a Dios. Seguido se les llamaba Bautistas, conchas duras, o "antimedios." Esto llevó a amargas discusiones entre los Bautistas, y se libró una batalla legal acerca de quiénes eran los que tenían el derecho de llamarse Bautistas Regulares; los Bautistas a favor de las misiones, o los que estaban en contra de ellas. La Suprema Corte finalmente dio este derecho a los Bautistas que se inclinaban por las misiones, y los Bautistas que estaban en su contra tomaron el nombre de Bautistas Primitivos.

Otros Bautistas apoyaron la idea de las misiones, pero se opusieron a la idea de la Convención General Misionera porque temían que la creciente organización, la estructura financiera y el número de proyectos convirtiera a la Convención en una autoridad por encima de las iglesias locales. Continuaron sin organización y apoyaban las misiones por medio de programas de sus iglesias locales, escogiendo misioneros individualmente para apoyarlos a través de sus iglesias.

La controversia sobre la esclavitud condujo a la Convención General Bautista Misionera a dividirse en las líneas geográficas y a formar la Convención Bautista del Sur y la Convención Bautista del Norte.

CAPÍTULO 31

LAS CONTROVERSIAS DE LOS BAUTISTAS

"Pero tú has conocido mi doctrina, conducta, propósito, fe, longanimidad, caridad, paciencia, persecuciones, aflicciones, como las que me sobrevinieron en Antioquía, en Iconio, en Listra, persecuciones que he sufrido; pero de todas ellas me ha librado el Señor. Y también todos los que quieren vivir piadosamente en Cristo Jesús, padecerán persecución." (1 Pedro 5:10-11)

Durante la segunda mitad del siglo XIX y la primera del siglo XX, los Bautistas son recordados principalmente por sus amargas disputas entre ellos mismos. Además de la controversia de los "medios" contra los "anti-medios." los Bautistas debatieron sobre:

- La esclavitud
- La educación
- La Masonería
- La relación entre el bautismo y la salvación
- Las misiones
  El licor, y
- La Segunda Venida de Cristo

En el siglo XX la más grande discusión fue entre los Bautistas históricos y los que negaban la autoridad de Las Escrituras pero aun así querían llamarse Bautistas.

Una de las batallas más dramáticas de los Bautistas se dio debido al Campbelismo. Alexander Campell nació en Irlanda y se asoció con los reformadores Presbiterianos. Eligió emigrar a los Estados Unidos para así disfrutar la libertad religiosa que había allí y que estaba disponible para toda la gente. Se convenció del error del bautismo de infantes y se bautizó por inmersión. Empezó una iglesia independiente que pronto se unió a una Asociación Bautista local. Campbell pronto se ganó la reputación de ser muy bueno para debatir.

Durante este tiempo, Barton W. Stone fue expulsado por los Presbiterianos debido a su doctrina. Enseñaba el bautismo sólo para creyentes y por inmersión, lo cual iba en contra de la doctrina Presbiteriana. También enseñaba que nadie había creído verdaderamente hasta bautizarse, y que debido a esto, el bautismo era necesario para la salvación. Campbell y Stone unieron fuerzas y comenzaron a pensar de sí mismos como un movimiento de reforma entre los Bautistas. Los Bautistas empezaron a debatir sobre la relación entre la salvación y el bautismo, y la doctrina de que el bautismo era esencial para la salvación fue llamada, Campbelismo.

Varias Iglesia Bautistas, especialmente en el Sur, empezaron a formar nuevos grupos. Los seguidores de Stone comenzaron a considerarse a sí mismos como las Iglesias "Cristianas Independientes," y los seguidores de Alexander Campbell se llamaron a sí mismos "Discípulos de Cristo." La separación entre los Bautista y los Campbelistas se completó. Los Bautistas y los Campbelistas seguido rehusaban reconocer el bautismo de uno y otro grupo, la membresía a la iglesia y la ordenación. Un grupo posterior de Campbelistas, insatisfecho con el liberalismo creciente entre los Discípulos de Cristo, se separó y se llamó "Iglesias de Cristo." Alexander Campbell era originalmente un fuerte portavoz contra el movimiento de misiones, pero tiempo después cambió sus puntos de vista. Él también hablaba en contra del uso de la música en la iglesia y de la idea del llamamiento al ministerio.

El asunto de la esclavitud fue difícil para los Bautistas. En Inglaterra, John Howard, pastor Bautista, había sido líder en el asunto de reformar las prisiones y portavoz en contra de la esclavitud en ese país. En 1833, los Bautistas Ingleses lograron que la ley prohibiera la esclavitud en las Indias Occidentales Británicas y pidieron a sus hermanos de América que hicieran lo mismo. En 1789, John Leland, el gran predicador Británico asociado con la Constitución de Estados Unidos, hizo un llamado para que gradualmente se le diera fin a la esclavitud.

El Fiel Testigo Bautista

Los Bautistas diferían grandemente en su reacción hacia la esclavitud. Algunos predicaban contra ella, pero consideraban que no era un problema que la iglesia local debería de tratar, mientras que otras iglesias aceptaban a dueños de esclavos como miembros, pero no les permitían tener puestos de autoridad en la congregación. Otros consideraban la esclavitud como "un mal necesario" de la sociedad, mientras que otro grupo la consideraba buena y aprobada por Dios.

El asunto hacía tensas las relaciones entre los predicadores. ¿Podía un predicador que estaba en contra de la esclavitud tener comunión con otro pastor que tenía esclavos? ¿Podía tener comunión con otro pastor que no tenía esclavos pero que aceptaba a dueños de esclavos en su iglesia? Había una tremenda confusión y grandes diferencias de opinión entre los líderes Bautistas debido a este complejo asunto.

Los Bautistas encabezaron la abolición de la esclavitud en los estados del Norte; sin embargo, los Bautistas del Sur estaban entre los líderes que peleaban por mantener la esclavitud. El líder de la Asociación de Amigos de la Humanidad de Illinois, un grupo en contra de la esclavitud, fue un predicador Bautista que convocó a todos los Bautistas que estaban en contra de la esclavitud a romper su comunión con los Bautistas dueños de esclavos. En Indiana, los líderes del "Tren Subterráneo," que era un sistema para ayudar a los esclavos fugitivos a escapar a Canadá, eran Bautistas.

Algunos Bautistas misioneros en Burma rompieron relaciones con la Convención Bautista Misionera en 1840. La convención había enviado algunos misioneros que eran dueños de esclavos y habían llevado consigo a éstos. Muchos de los misioneros sintieron que esto era una grave afrenta para el testimonio de la causa Bautista en Burma. Se tuvo una convención de Bautistas en contra de la esclavitud en Nueva York, y allí formaron una Sociedad Misionera para trabajar con los misioneros que estaban en contra de la esclavitud.

En 1841, la Convención Misionera Bautista promulgó una declaración de neutralidad en el asunto de la esclavitud, y en 1844, la Convención se negó a enviar como misionero a James E. Revé a menos que accediera a dejar en libertad a un esclavo del cual era

205

dueño. Esto causó que muchas iglesias del Sur salieran de la Convención y pronto formaron su propia Convención Misionera.

La mayoría de las iglesias Bautistas del Sur, aun aquellas que estaban en contra de la esclavitud, sentían la necesidad de identificarse con esta Convención Bautista del Sur. El estallido de la Guerra Civil, quince años después, hizo mucho para que la separación se hiciera permanente y amarga. Otra prominente batalla entre los Bautistas se dio debido a los Colegios Bíblicos y los Seminarios. Algunos Bautistas creían que la influencia de escuelas de educación superior causaría que la gente dependiera de las escuelas en vez de Las Escrituras, y tenían miedo de que la educación destruyera el concepto de la autoridad única de la Biblia. Los Bautistas primitivos, al igual que los Bautistas separados, se identificaban con esta forma de pensar. Los Bautistas que estaban en contra de las escuelas nunca experimentaron mucho crecimiento y su influencia en las cuestiones Bautistas disminuía con cada década que pasaba. Para 1902, había ya treintaiséis Universidades Bautistas, veintinueve Colegios y siete Seminarios en Estados Unidos.

Un debate paralelo al de los Colegios Bíblicos, fue el que se dio en torno a la idea de la Escuela Dominical. En 1780, Robert Raikes comenzó en Londres una escuela para enseñar a los niños los domingos, y un diácono Bautista, William Fox, adoptó la idea y pronto las iglesias Bautistas de todo Londres tenían Escuelas Dominicales para niños. El primer registro que se tiene de esto en los Estados Unidos fue en la Segunda Iglesia Bautista de Baltimore en 1804. Muchas iglesias parecían sentir que esta era una excelente forma de hacer avances en sus ministerios, aunque algunos, usualmente los que estaban en contra de las misiones y los Colegios Bíblicos, creían que se debían oponer a las Escuelas Dominicales por ser una invención "moderna." Este fue el campo de batalla durante varias décadas, pero eventualmente la escuela dominical se convirtió en una característica común de casi todas las Iglesias Bautistas.

La Masonería fue otra área de controversia entre los Bautistas. Algunos consideraban a las logias Masónicas como organizaciones secretas de individuos dedicados a dañar a los

Estados Unidos. Los Masones eran acusados de tener prácticas de ocultismo y paganismo. Había tanta gente en el país que así lo creía, que incluso se formó un partido político en contra de los Masones. Otros Bautistas creían que los Masones eran simplemente una organización social sin significado religioso. Las mismas preguntas que surgieron por el asunto de la esclavitud volvieron a aparecer. ¿Debían los Masones ser excluidos de las congregaciones, o sólo de los puestos de autoridad, o debían ser aceptados libremente? ¿Podían los pastores anti Masones tener comunión con pastores neutrales? ¿Y qué de los pastores que eran Masones? La influencia de los Masones entre las iglesias Bautistas gradualmente disminuyó, pero esta controversia aún existe, aunque de manera más limitada.

Una controversia similar se dio debido al licor, con muchos Bautistas que pensaban que un verdadero Cristiano nunca debía usar las bebidas embriagantes. Algunos Bautistas combatieron abiertamente esta idea poniéndola como una violación a la libertad espiritual. La mayoría de los líderes del grupo anti-misiones también estaban en pro del alcohol. Esa era un área de mucha separación entre los Bautistas, pero para el siglo XX, pocos predicadores Bautistas alentaban abiertamente el uso del licor.

La mayor controversia entre los Bautistas se dio en el siglo XX. A finales del siglo XIX surgió un grupo de teólogos que se llamaban a sí mismos Bautistas pero negaban la autoridad de Las Escrituras. Esto era algo que nunca antes se había escuchado y al principio hubo muy poca gente que entendía lo que estas personas enseñaban. Maestros "Bautistas" como William N. Clarke, Walter Rauschenbush, Shaler Matthews y Harry Emerson Fosdick retaron la autoridad de la Biblia y desarrollaron un grupo creciente de seguidores en los círculos educativos Bautistas y en algunas grandes iglesias urbanas.

Los Bautistas que no pertenecían ni a la Convención del Sur ni a la del Norte enfrentaban un gran dilema. ¿Debían expulsar a este grupo de sus congregaciones para defender la doctrina de la autoridad única de la Biblia? Algunos argumentaban que la doctrina de la libertad espiritual significaba que los Bautistas doctrinalmente no se podían juzgar unos a otros. Como las Convenciones no tomaron ninguna acción, el elemento modernista en ellas creció.

Muchos que se oponían al elemento modernista dejaron las Convenciones para formar otras organizaciones o simplemente funcionar sin ser parte de ninguna organización. Claro está, muchos Bautistas han hecho lo mismo a través de la historia.

Cuando Ford Porter, un Pastor Bautista en Princeton, Indiana, trató de dejar la Convención Bautista del Norte, en protesta contra el modernismo, la convención quiso retener el control de su iglesia. Esto llevó a una batalla legal de dos años que finalmente fue decidida por una corte.

La corte decretó que las iglesias Bautistas son por definición independientes, y que si la mayoría de los miembros querían retirarse de la Convención, ésta no podía detenerlas. Esta decisión legal preparó el camino para que miles de iglesias abandonaran las dos Convenciones mayores.

La otra gran controversia entre los Bautistas se dio alrededor de la Segunda Venida de Cristo. Algunos Bautistas eran Premilenialistas, esto es, que creían que Cristo volvería y tendría un Reino de mil años sobre la tierra, otros eran Postmilenialistas, estos creían que Cristo volvería después de mil años de paz en la tierra, y un grupo más pequeño era el de los Amilenialistas, quienes creían que Cristo volvería pero que no habría milenio. Cien años de amargo debate separó a estas tres posiciones. El Premilenialismo se convirtió, por mucho, en la posición mayoritaria.

La predicación profética de un predicador Bautista, William Miller, llevó a muchos a esperar el retorno de Cristo en la década de los cuarentas, del siglo XVIII. Y cuando se vio que esto era incorrecto, Miller volvió a ser un predicador Bautista normal. Sin embargo, sus seguidores se desarrollaron en lo que es ahora la secta Adventista del Séptimo Día.

CAPÍTULO 32

LOS BAUTISTAS Y EL LEVANTAMIENTO
DEL FUNDAMENTALISMO

"Amados, por la gran solicitud que tenía de escribiros tocante a la común salvación, me ha sido necesario escribiros exhortándoos a que contendáis ardientemente por la fe que ha sido una vez dada a los santos. Porque ciertos hombres han entrado encubiertamente, los cuales desde antes fueron ordenados para esta condenación, hombres impíos, que cambian la gracia de nuestro Dios en libertinaje, negando al único Señor Dios, y a nuestro Señor Jesucristo." (Judas 3,4)

Los primeros desafíos del modernismo al movimiento Bautista no tuvieron mucho éxito; de cualquier manera, el tema del modernismo surgía una y otra vez en los Colegios Bautistas. Pronto se desarrollaron tres movimientos distintivos.

- Aquellos que claramente sostenían las doctrinas básicas e históricas de la fe Cristiana e insistían que estas verdades fueran la base para la comunión, o compañerismo recibieron el nombre de Fundamentalistas.

Las doctrinas que ellos consideraban "fundamentales" son la Inerrancia de Las Escrituras, la Deidad de Cristo, la Trinidad, el Nacimiento Virginal, la Expiación, la Resurrección Corporal de Cristo, y la Segunda Venida. Muchos Bautistas Fundamentales primitivos también enfatizaban el Premilenialismo.

Los Bautistas Fundamentales creían que los modernistas tenían el derecho de enseñar lo que quisieran (libertad religiosa), pero rechazaban su derecho a hacerlo en las Escuelas Bautistas. Ellos creían que las Convenciones Bautistas y otras organizaciones debían adoptar declaraciones doctrinales claras que cubrieran lo fundamental de la fe Cristiana y los Distintivos Bautistas y expulsar a los modernistas.

- El segundo grupo los modernistas mismos. Los modernistas sentían plenamente que Las Escrituras no eran autoritativas, y consecuentemente todas las ideas y principios eran relativos. Continuamente reclamaban que las doctrinas Bautistas de la libertad del alma y el sacerdocio de todos los creyentes les daba el derecho a enseñar lo que ellos quisieran y todavía ser considerados buenos Bautistas.

- Un tercer grupo se llamaron a sí mismos "moderados" Creían en los fundamentos básicos, pero se oponían a la idea de una declaración doctrinal para utilizarse como base de la comunión. Creían que donde la verdad y el error coexistían, la verdad siempre saldría triunfante. También creían que el mantener una unidad política dentro de sus organizaciones era más importante que mantener la pureza doctrinal.

Rápido se trazaron las líneas de batalla. De 1910 a 1915 se escribieron una serie de libros para dejar claros los fundamentos. Estas batallas también tomaron lugar entre los Metodistas, Presbiterianos, Luteranos y Episcopales, así como entre los Bautistas. Los Bautistas Fundamentales fueron guiados por pastores prominentes de grandes iglesias como William Bell Riley, I.M. Haldeman, John R Straton, y T.T. Shields. Esta batalla se libró dentro de la Convención Bautista del Norte, la Convención Bautista del Sur y la Convención Bautista Canadiense. Las batallas se libraron por el control de las organizaciones misioneras, colegios y seminarios.

La pregunta que enfrentaban los Fundamentalistas era esta: ¿Cómo saber hasta qué punto debemos luchar por establecer una fuerte posición doctrinal antes de darnos por vencidos y retirarnos de nuestras Convenciones? Esta pregunta nunca tuvo una respuesta definitiva.

La primer iglesia en salir de una Convención en protesta por la aparición del modernismo fue la Iglesia Bautista de Wealthy Street de Grand Rapids, Michigan en 1909. Esta iglesia dejó la Convención Bautista del Norte debido a que la Convención no tenía una posición doctrinal clara para sus Colegios. El asunto todavía sigue en debate y cien años después todavía hay iglesias dejando sus respectivas denominaciones en protesta por la influencia del modernismo.

Las grandes batallas por el control no parecían favorecer a los Fundamentalistas. La Convención Bautista del Sur si adoptó una declaración doctrinal clara en 1925, pero también se estableció con claridad que no iban a obligar a nadie a practicarla. Esto creó una atmósfera más conservadora dentro de la Convención Bautista del Sur que en las otras grandes Convenciones. Sin embargo, esto no terminó con el problema del modernismo, porque muchos modernistas se mantuvieron activos dentro de la Convención Bautista del Sur. Las otras Convenciones no adoptaron ningún credo, y las iglesias individuales continúan abandonando las convenciones hoy en día.

Los Fundamentalistas formaron una Unión Bautista Bíblica bajo el liderazgo de T. T. Shields, y su propósito expreso era el de luchar contra el modernismo en todos los frentes. La Unión financió el principio de un nuevo Seminario y proveyó un foro para Bautistas Fundamentales. Por muchos años, la Unión Bautista Bíblica hizo posible que los Bautistas Fundamentales de diferentes convenciones trabajaran juntos en contra del modernismo.

Finalmente, la Convención Bautista del Norte acudió a la corte buscando detener la iglesia del Dr. Ford Porter (La Primera Iglesia Bautista de Princeton, Indiana), de dejar la convención, en protesta por el modernismo. Cuando esta estrategia falló y los derechos de la iglesia se tomaron en cuenta en la corte, se preparó el escenario para que hubiera retiros masivos de las principales Convenciones.

En 1933, más de cincuenta iglesias abandonaron la Convención Bautista del Norte y formaron la Asociación General de Iglesias Bautistas Regulares, conocida como GARBC por sus siglas en inglés. Robert Ketcham se volvió un líder muy poderoso dentro de la GARBC. Su influencia llevó a la GARBC a dos decisiones muy importantes.

Primera: La nueva organización no tendría la forma de una Convención, sino sería un Compañerismo flexible. Esto haría más difícil para cualquier organización central o del estado interferir en la independencia de las iglesias miembros.

Segunda: A ninguna iglesia se le permitiría mantener doble membresía en la Convención Bautista del Norte y la GARBC. Esto tenía el fin de mantener una filosofía clara de la separación en el nuevo compañerismo. Muchos colegios fueron aprobados, y se formaron muchas agencias misioneras. La GARBC siguió creciendo ya que cada año más iglesias abandonaban las Convenciones.

Sería imposible discutir el surgimiento del Fundamentalismo Bautista sin hablar de J. Frank Norris. Norris era un gran predicador, brillante organizador y un muy colorido exponente en contra del modernismo. Era un fundador de iglesias increíble, y sus métodos para crear una iglesia influenciaron a una generación de predicadores. Disfrutaba la controversia y se involucraba en notables controversias con el Catolicismo Romano, el tráfico de licores, evolucionistas, los moderados y la multitud modernista en la Convención Bautista del Sur y con otros líderes Fundamentalistas. En la corte se le acusó de incendio premeditado y homicidio, pero fue absuelto de todos los cargos.

Norris comenzó una lucha abierta y muy fuerte contra la Convención Bautista del Sur en general, y la convención de Texas en particular. Fundadores de iglesias prominentes de la Convención Bautista del Sur como George W. Truett y L. R. Scarborough respondieron a los ataques de Norris. Eventualmente, Norris fue expulsado de la convención estatal y nacional. El resto de su vida lo dedicó a luchar en contra de la Convención y sus influencias modernistas. Cada vez que los Bautistas del Sur tenían su Convención nacional, Norris rentaba un auditorio grande y hacia reuniones en la misma ciudad. Predicaba en contra de la Convención, y ¡generalmente atraía grupos más grandes que la Convención!

Norris solicitó admisión para su iglesia a la GARBC y fue rechazado, entonces creó el Compañerismo Mundial Bautista. Pronto, muchas iglesias dejaron la Convención Bautista del Sur para unirse a este nuevo Compañerismo Bautista Fundamental. En 1934, fue pastor de la iglesia de mayor asistencia en los Estados

Unidos. Esta era la Primera Iglesia Bautista de Fort Worth, Texas. También aceptó el pastorado del Templo Bautista en Detroit, Michigan, aun cuando estaban a una distancia de 1300 millas una de la otra. En tres años, el Templo Bautista fue el segundo más grande en el país. Esto era un gran logro para cualquier fundador de iglesias. Aparte de pastorear las dos iglesias más grandes de la nación, Norris empezó el Seminario Bautista Bíblico en su iglesia en Fort Worth.

Norris se involucró en muchas discusiones con sus compañeros Bautistas fundamentales. Fue el responsable de muchos ataques a John R. Rice, un líder de los Bautistas independientes, Robert Ketcham, líder de la GARBC, y G. Beauchamp Vick, su sucesor en el Templo Bautista en Detroit. (Vick fue también uno de los fundadores del Compañerismo Bautista Bíblico). Los tres hombres declaraban que sus discusiones con Norris fueron las más grandes batallas espirituales que habían enfrentado.

Finalmente, en 1950, muchos de los líderes del Compañerismo Mundial Bautista se separaron de Norris y formaron el Compañerismo Bautista Bíblico. Esta organización se identificó con una agresiva construcción de iglesias. Administró y aprobó a muchos colegios y mantuvo su propia Agencia de Misiones. El Compañerismo Bautista Bíblico se convirtió rápidamente en la organización de Bautistas fundamentales más grande del mundo.

Otro grupo de Bautistas dejó la Convención Bautista del Norte y se llamaron a sí mismos los Bautistas Conservadores. La delineación había sido trazada. Había cinco clasificaciones de Bautistas:

- Los pequeños grupos que nunca habían pertenecido a grandes Convenciones eran los, Regulares, Primitivos, Separados, Bautistas Unidos, etc.
- Las grandes Convenciones (con el rol de modernistas firmemente establecido);
- Los compañerismos Bautistas fundamentales (GARBC, WBF, BBF, Bautistas Conservadores);
- Un creciente número de Bautistas independientes no alineados; y

- Los Bautistas conocidos como los Landmarquistas, o Delimitadores.

El movimiento del Landmarquismo en realidad empezó a mediados de 1800. Encabezado por James R. Graves y Jim Perdelton. Estos Bautistas tomaron un punto de vista muy exclusivista. Ellos fueron más allá del punto común de que los Bautistas representaban la mejor y más consistente expresión del Cristianismo Neotestamentario. Creían que los Bautistas eran los únicos Cristianos del Nuevo Testamento y no debían congregarse con otros no-Bautistas. Muchos de ellos no se congregaban con quienes no fueran Landmarquistas, y algunos llevaron este pensamiento todavía más allá, pues creían que los Bautistas tenían un lugar especial en el Cielo. Este movimiento experimentaba un gran crecimiento cada vez que los Bautistas dejaban sus respectivas Convenciones y se asociaban a los Landmarquistas. Ciertamente no había duda acerca del modernismo en los Landmarquistas. Pronto se levantó un nuevo aspecto de debate entre el Modernismo y el Fundamentalismo, y se le llamó el Neoevangelicalismo. El nuevo Evangelicalismo es una filosofía similar a la de los moderados en las grandes disputas dentro de las Convenciones. Los Neo-evangélicos sostienen cierta dedicación al concepto de la salvación personal. Mantienen al menos cierto concepto de lealtad a la idea de una Biblia Inspirada; sin embargo, abogan por el encontrar un terreno común para la comunión con diversas doctrinas y filosofías religiosas. Esta controversia ha tenido un fuerte impacto sobre los Bautistas.

El portavoz sobresaliente de la posición Neoevangélica era un Bautista. El bien conocido evangelista, Billy Graham. Graham, fácilmente el predicador más famoso de los Estados Unidos, llevaba a cabo cruzadas a nivel ciudad apoyado por ambos, los modernistas y los conservadores. Tampoco era raro ver a Modernistas, Católicos Romanos, Adventistas del Séptimo Día, Carismáticos y Evangélicos de otros grupos unirse a las cruzadas de Billy Graham.

Esta filosofía levantó un número de preguntas para los Bautistas. ¿Debería un Bautista participar en tales programas? Si no lo hace, como tampoco lo hacen los Bautistas Fundamentales,

¿puede tener comunión con los Bautistas que sí participan? Tales cuestiones condujeron a una seria división dentro del movimiento Bautista Conservador.

El evangelista John R. Rice se pronunció en contra del compañerismo con las cruzadas Neoevangélicas pero dejaba la puerta abierta para compañerismo con creyentes bíblicos que sí comulgaban con tales programas. Publicó y editó un periódico ampliamente distribuido, "La Espada del Señor" (The Sword of the Lord); este periódico tuvo una tremenda influencia en el Movimiento Bautista Fundamental. Algunos Bautistas Fundamentales han trazado líneas más estrictas de separación que las del Dr. Rice.

El Modernismo abrumó al movimiento Bautista en Inglaterra, la mayoría de los países europeos y Canadá. No tuvo una victoria tan grande en los Estados Unidos, sin embargo, el Modernismo si logró hacer que algunos de los que se llamaban Bautistas se retiraran de la fe Bautista histórica.

La Convención Nacional Bautista, la Convención Bautista Canadiense y la Convención Bautista del Norte fueron dominadas por el Modernismo. La batalla aún se está librando en la Convención Bautista del Sur. Su reunión anual presenta nuevas batallas entre modernistas, moderados y conservadores Bautistas Sureños. La lección final de esta historia aún está por escribirse.

(Debe notarse que muchos han usado el término Bíblico "Landmark" sin tomar la posición del "Landmarquismo.")

El Fiel Testigo Bautista

Por tanto, id, y enseñad a todas las naciones, bautizándoles en el nombre del Padre, y del Hijo, y del Espíritu Santo; enseñándoles que guarden todas las cosas que os he mandado; y he aquí yo estoy con vosotros todos los días, hasta el fin del mundo. Amén. (Mateo 28:19-20) RVG

CAPÍTULO 33

OTROS DESARROLLOS BAUTISTAS

"Que estamos atribulados en todo, pero no angustiados; en apuros, pero no desesperados; perseguidos, pero no desamparados; derribados, pero no destruidos; llevando siempre por todas partes en el cuerpo la muerte del Señor Jesús, para que también la vida de Jesús se manifieste en nuestros cuerpos." (2 Corintios 4:8-10)

La historia de las Iglesias Bautistas de raza negra en los Estados Unidos merece una atención especial. Desde el comienzo, la reacción de las iglesias Bautistas hacia la esclavitud y los esclavos fue muy controversial. La Iglesia que Roger Williams pastoreaba tenía entre sus miembros a esclavos negros. Algunas iglesias admitían esclavos como si fueran personas libres, mientras que otras Iglesias admitían esclavos pero tenían cultos separados para ellos. Otras Iglesias de gente blanca empezaron Iglesias separadas para esclavos. Muchas plantaciones tenían sus propias Iglesias. Desafortunadamente, muchas Iglesias ignoraban a la gente de raza negra.

Los Bautistas parecían tener un auge especial entre la comunidad negra. Tal vez los conceptos Bautistas de libertad individual del alma y la libertad religiosa, atraían de manera especial a aquellos que sabían, por su experiencia diaria, lo que era no ser libres. Ciertamente los Bautistas, junto con los Metodistas, invirtieron más tiempo y dinero en ministerios para gente negra que cualquier otro grupo. El movimiento Bautista continuó creciendo entre la gente de color en los Estados Unidos hasta la revuelta de Turner.

Nat Turner fue un predicador Bautista negro que lideró a un grupo de esclavos en una revuelta armada. Predicaba, con razón, que los Distintivos Bautistas demandaban lógicamente la libertad para todos. Pensó equivocadamente que podría llevar a todos los negros a una revuelta organizada y que se les unirían simpatizantes blancos de los estados Norteños de Estados Unidos y de Europa. También pensó, tontamente, que Dios y los hombres pasarían por alto los brutales actos de violencia cometidos en el nombre de la libertad. Su revuelta, después de causar la muerte de más de treinta personas blancas, fue violenta y totalmente aplastada. A pesar de que la mayoría de los Bautistas negros rechazaban las ideas de Turner, hubo una gran reacción en contra de las iglesias Bautistas de gente negra a través de todo el sur del país.

Como había sido el caso con el reino de Munster en el siglo XVI en Alemania, y la rebelión de la Quinta Monarquía en el siglo XVII en Inglaterra, los excesos de unos cuantos fueron usados como excusa para perseguir a los Bautistas inocentes en general. Las Iglesias Bautistas de negros del Sur, fueron cerradas, algunas temporalmente y otras de manera permanente. Los dueños de las plantaciones prohibían a sus esclavos el asistir a la iglesia. Muchos negros huyeron al Norte buscando la libertad que obtendrían si llegaban a Canadá. Un gran número de prófugos eran Bautistas. Muchos Norteños los ayudaron a viajar a Canadá a través de un sistema llamado "El Tren Subterráneo." En Indiana, los participantes del tren subterráneo, casi en su totalidad, eran Bautistas que se sentían obligados a ayudar a sus hermanos y hermanas en Cristo Bautistas negros. Esto llevó a la fundación de numerosas iglesias Bautistas de negros en Canadá.

Después de la Guerra Civil, se formaron gran cantidad de Asociaciones, Convenciones y Organizaciones Misioneras de Bautistas negros. Para 1935, se habían unido casi en su totalidad a la Convención Nacional Bautista. En 1915, esta Organización se dividió en dos Convenciones, cada una reclamando ser la auténtica Convención Nacional Bautista. Esto aún causa mucha confusión en nuestros días. Una tercera Convención de gran importancia se formó después por negros que estaban ansiosos por tener un énfasis mucho mayor en la reforma social. El Modernismo y el concepto del Evangelio social habían ganado mucha influencia entre las Convenciones Bautistas. Los dos más prominentes líderes Bautistas negros de los años recientes han sido Martín Luther King, Jr. Y Jesee Jackson. Ninguno de ellos ha hecho énfasis en la fe fundamental Cristiana. Su enfoque principal ha sido la reforma social y política. King fue asesinado en 1968, y Jackson es muy conocido por su prominencia en el Partido Demócrata. Fue candidato para Presidente de Los Estados Unidos durante las elecciones preliminares de 1988.

Mientras que el Modernismo ha hecho grandes avances en todas las Convenciones de Bautistas de negros, Muchos Bautistas negros individualmente, y muchas iglesias Bautistas de negros aún mantienen su respeto por los fundamentos de la fe Cristiana y los Distintivos Bautistas históricos.

Debido a que ya rara vez escuchamos acerca de mártires Bautistas en nuestra civilización Occidental, es fácil para nosotros olvidar que muchos Bautistas aún están pagando con su sangre por su fe. Probablemente más Bautistas han muerto durante el siglo XX que durante cualquier otra época de la historia.

La señorita Lottie Moon por cuarenta años fue una misionera Bautista Sureña en China, y durante la gran hambruna en China de 1911 a 1912, se negó a comer mientras los Chinos sufrían por falta de alimentos; eventualmente ella murió de inanición. Cada año los miembros de la Convención Bautista del Sur la recuerdan mientras dan su ofrenda anual para misiones extranjeras en su nombre.

Ha habido muchos Cristianos en China, y varias iglesias Bautistas han formado sus propias Asociaciones y han construido sus propias Universidades. Durante la Rebelión Boxer (Chinos que se oponían a que vivieran extranjeros en China), muchos misioneros fueron asesinados. Las iglesias Bautistas fueron quemadas y muchos Bautistas chinos fueron golpeados y robados por los rebeldes. Esto provocó un estancamiento en la causa Cristiana en China.

Después de que terminó la rebelión Boxer, un levantamiento comunista se dio en China. Los comunistas asesinaron a los pastores Cristianos y quemaron sus iglesias. Una vez más, una gran cantidad de iglesias Bautistas se vieron afectadas. Después de que los japoneses invadieron China, los comunistas se vieron obligados a declarar una tregua.

El Fiel Testigo Bautista

Los misioneros fueron forzados a abandonar las áreas de China que estaban ocupadas por los japoneses. Después que los Estados Unidos entraron en la guerra, muchos misioneros americanos fueron capturados y puestos en prisión por los japoneses. Los Bautistas chinos se negaron a reconocer al gobierno Japonés, y muchos fueron asesinados. El Dr. Herman Liu, Presidente de la Universidad Bautista fue ejecutado en el jardín de su casa. Las iglesias Bautistas ubicadas en áreas ocupadas fueron cerradas. Esta fue la tercera ola de persecución en menos de treinta años; sin embargo, lo peor estaba aún por venir. Después de la guerra, la rebelión comunista comenzó otra vez, y un misionero Bautista americano, John Birch, fue asesinado por los comunistas. Después que los comunistas tomaron el control de China, la mayoría de los misioneros fueron expulsados y otros fueron desaparecidos y ya no se supo nada de ellos. El doctor misionero Bautista, Bill Wallace, murió en una prisión comunista, pero los chinos dijeron que se había suicidado.

Muchas iglesias Bautistas fueron cerradas en China, y muchos Cristianos fueron ejecutados. (¡La mayoría de las estimaciones hablan de millones!) A algunas iglesias se les permitió mantenerse abiertas para aparentar que había libertad de culto. La Universidad Bautista se mantuvo abierta, pero su presidente, Henry Liu (hermano de Herman Liu) otra vez fue arrestado. Murió en la prisión Comunista en 1960. A pesar de persecuciones y ejecuciones masivas, las Iglesias Evangelistas en China aún existen. Hay muchos reportes constantes de iglesias independientes en China, y muchos Bautistas chinos, en secreto, aún se reúnen en las montañas y en las áreas silvestres de la costa sur de China.

Hoy en día China dice haber reinstituido la libertad de culto, pero es muy limitada. A los Cristianos se les permite realizar sus actividades abiertamente en algunas partes de China (aquellas con mayor afluencia de turistas), pero en otras regiones, la misma persecución del pasado parece seguir existiendo. Los Cristianos más dedicados asisten a iglesias ilegales ubicadas secretamente en casas.

El gran número de Bautistas en Burma, el país de Adoniram Judson, fue reducido durante una revolución en contra del gobierno Burmés. Las tribus de las colinas, donde la mayoría de los Bautistas se encontraban, trataron de establecer un estado independiente, pero fueron derrotados. Hoy, Burma está cerrada a los misioneros americanos, pero hay reportes de más de 300,000 Bautistas que aún se reúnen en iglesias nativas en Burma.

A través de toda Asia, la mayoría de las iglesias Bautistas son producto de la actividad misionera reciente. En Corea del Sur y algunas áreas de las Filipinas, los Bautistas han sido particularmente exitosos.

Se dice que las Iglesias Bautistas más grandes del mundo están en Corea del Sur. El Doctor Viggo Olsen, un misionero médico Bautista, es muy conocido debido a su exitosa misión médica por Bangladesh.

En el Medio Oriente, la mayoría de los países están cerrados a los misioneros y hay muy poca influencia Bautista. En Israel los Misioneros Bautistas operan bajo estrictos límites, especialmente aquellos que están dirigidos hacia los árabes. El testimonio Bautista aún se mantiene en el Líbano y Jordania, y el rey Hussein de Jordania, un líder musulmán, ha educado a sus hijos en escuelas Bautistas.

En África, la mayoría de las iglesias Bautistas están relacionadas con las actividades misioneras de los Bautistas ingleses y americanos de los últimos cien años. Muchos países africanos ahora están cerrados para los Misioneros. Los Bautistas de algunas naciones de África son acosados por gobiernos Musulmanes y en otras por gobiernos Comunistas. Muchos Misioneros se regocijaron cuando N'Garta Tombalye se convirtió en el primer presidente de Chad. Él era un miembro profeso de una Iglesia Bautista y había sido educado en una Escuela Bautista de Misioneros. Sin embargo, él asumió poderes dictatoriales y trató de imponer el Yondo (una religión tribal primitiva) como la iglesia del estado. Inmediatamente empezó a perseguir a los Bautistas que se negaban a cooperar y finalmente forzó a todos los Misioneros Bautistas a salir del país. Muchos creyentes nativos fueron asesinados; algunos mediante horribles métodos de tortura. Tombalye finalmente fue asesinado, y se permitió el regreso a los misioneros. A través de los últimos cien años, muchos Cristianos han sido asesinados en persecuciones regionales como la de Chad.

Algunos países africanos se han mantenido abiertos a las misiones sin ejercer persecución alguna. Liberia, Nigeria, Sierra Leona y Kenya tienen una buena cantidad de Iglesias Bautistas bien establecidas. En Angola hubo dos rebeliones en contra del gobierno comunista, una de ellas fue dirigida por un Bautista, Holden Roberto. El gobierno Comunista de Angola había ejecutado a varios pastores Bautistas y de la Hermandad de Plymouth por su fe. En el Malawi moderno, los Bautistas nativos dirigieron una revolución que derrocó al gobierno Europeo y estableció un gobierno de raza negra. En Zimbabwe (antes Rhodesia), la revolución cayó bajo el control comunista, y los Bautistas regularmente eran el blanco de los ataques de las guerrillas. Un Misionero Bautista americano fue asesinado.

En Sudáfrica, los Bautistas están divididos, unos apoyando al gobierno blanco anterior, y otros pidiendo una reforma. Algunos pastores Bautistas han sido encarcelados por comenzar iglesias. Un número creciente de revolucionarios comunistas amenaza a los Cristianos en ese país. La libertad religiosa fue puesta en una precaria condición con la elección de Nelson Mandela como presidente de Sudáfrica.

En Cuba, los Bautistas fueron muy exitosos hasta la llegada de la revolución Comunista encabezada por Castro. Para 1965, todos los pastores Bautistas de Cuba habían sido arrestados, y la mayoría de los Misioneros americanos fueron expulsados del país. David Fite y Herbert Caudill fueron puestos en prisión y cuatro años después fueron liberados como resultado de la presión internacional sobre el gobierno de Castro. Algunos pastores Bautistas han sido liberados y algunas actividades de las iglesias son permitidas.

En Haití, hay muchas obras Bautistas. Uno de los líderes en el derrocamiento de Papa Doc Duvalier fue un predicador Bautista que se había graduado de un Colegio Fundamentalista Bíblico en Estados Unidos. Agitaciones muy recientes en Haití han puesto en riesgo la situación de los Misioneros Bautistas. Los Bautistas también son muy activos en la República Dominicana, donde los Misioneros Paul y Nancy Potter, fueron asesinados por unos terroristas de izquierda en 1971.

El Fiel Testigo Bautista

Los primeros Misioneros Bautistas fueron a México en 1860; uno de ellos, John Wesrup, fue asesinado por fanáticos Católicos. Muchas regiones de México se han abierto a los Bautistas, y un buen número de Misioneros Bautistas trabajan allí. La mayoría de los países de América central están abiertos a los Misioneros.

En la Nicaragua Marxista, la mayoría de los Misioneros fueron desaparecidos, y los pastores sufrieron acoso a manos de los Marxistas. Muchos evangélicos se identificaron con la Contra revolución para recuperar la libertad en ese país.

Las iglesias Bautistas en Sudamérica también son producto del trabajo misionero del último siglo. Los Bautistas comúnmente han sido acosados por gobiernos Católico Romanos, pero usualmente se les permite operar.

Como es de suponerse, la mayor fuente de mártires Bautistas del siglo XX ha sido la Rusia Comunista. Durante cuatro años, después de la revolución Soviética, Lenin promovió la libertad de culto. Después él inició una persecución que por los siguientes treinta años condujo a millones de ejecuciones por razones religiosas. Un prominente evangelista Bautista, Cornelius Martens, fue expulsado del país después de haber recibido una enorme cantidad de publicidad. Después de la segunda Guerra Mundial, los soviéticos ejecutaron a muchos Bautistas a través de toda Europa oriental. Un pastor, Georgi Vins, expulsado de Rusia, se convirtió en portavoz internacional a favor de los Bautistas que eran perseguidos en Rusia.

Desde el derrocamiento del Comunismo en la antigua Unión Soviética y en muchos países del bloque europeo oriental, muchos Bautistas han hecho viajes misioneros llevando a miles de personas a los pies de Cristo y distribuyendo millones de Biblias. Muchos Bautistas Fundamentalistas están viajando a países de esas áreas como Misioneros de tiempo completo. La Oración de todos los que aman la obra misionera es que la puerta siga abierta en todos estos países que anteriormente eran comunistas.

Porque la palabra de Dios es viva y eficaz, y más penetrante que toda espada de dos filos, y penetra hasta partir el alma y el espíritu, y las coyunturas y los tuétanos, y discierne los pensamientos y las intenciones del corazón. (Hebreos 4:12) RVG

CAPÍTULO 34

LA EXPANSIÓN BAUTISTA: EDIFICADORES DE IGLESIAS Y LA EDUCACIÓN CRISTIANA

"Pero de ninguna cosa hago caso, ni estimo mi vida preciosa para mí mismo; con tal que acabe mi carrera con gozo, y el ministerio que recibí del Señor Jesús, para dar testimonio del evangelio de la gracia de Dios." (Hechos 20:24)

Los Bautistas Fundamentales se han hecho famosos en los últimos treinta años por su habilidad para construir iglesias grandes. Debido a esta influencia, las iglesias llamadas grandes ya no son las de congregaciones que tienen una asistencia de cientos.

Una iglesia grande hoy en día, es aquella que tiene una congregación de varios miles. Varios factores han influenciado este avance de construcción de iglesias grandes.

El ejemplo de Charles Hadson Spurgeon en Inglaterra sin duda influenció a muchos Bautistas en América. Las grandes multitudes que Spurgeon atraía cambiaron el enfoque de su ministerio y se convirtió en un portavoz nacional para la causa de Cristo. A los Políticos les preocupaba la opinión de Spurgeon, y varias Causas buscaban su reconocimiento y apoyo. La comunidad estaba al tanto de todo lo que su iglesia hacía. Varios miles de personas concentradas en una iglesia parecían tener un mayor impacto que la misma cantidad repartida entre varias iglesias. Su iglesia también era lo suficientemente grande como para tener su propia Universidad.

En los Estados Unidos, dos Bautistas del Sur radicalmente diferentes construyeron grandes iglesias en Texas. Ambos enfatizaban en el evangelismo agresivo. George W. Truett, pastor de la Primera Iglesia Bautista de Dallas, Texas era un elocuente líder de la Convención Bautista del Sur y un gran constructor de iglesias. Se le conoció por ser agradable y por "construir puentes" para alcanzar a diferentes grupos de la comunidad. Fue sucedido por W.A. Criswell, quien continuó edificando la iglesia hasta lograr convertirla en una de las más grandes del país y él sigue siendo líder en la Convención Bautista del Sur.

Ya hemos estudiado sobre J. Frank Norris quien fue un maestro en el uso de la controversia para conseguir asistencia a la iglesia. Una vez, durante una de sus frecuentes batallas con la industria local de licores, uno de sus principales oponentes murió en un accidente causado por la influencia del alcohol. Su cerebro quedó literalmente destrozado encima de la acera, y alguien tomó un poco de los restos de ese cerebro y lo puso en un frasco con formol. Después el frasco llegó a manos de Norris, quien lo mostró desde el púlpito y lo anunció mientras decía a la gente: Voy a predicar sobre los resultados del uso del alcohol. Con esto atrajo una enorme multitud.

Además de la controversia, Norris también usaba otros métodos para fomentar el crecimiento de la iglesia. Hizo populares las ideas de visitación de puerta a puerta, visitación de Escuela Dominical, preparación de su propia literatura de Escuela Dominical, ministerio de transporte y un agresivo ministerio para jóvenes. Su influencia aún se siente en las iglesias a través de todo el país. Norris cambió a una generación entera en cuanto a las actitudes de predicadores acerca del crecimiento de la iglesia.

Una tercera gran influencia fue el Dr. John R. Rice, editor y publicista de la revista "La Espada del Señor" (The Sword of the Lord). Él usó su periódico para promover constantemente la idea del avivamiento, ganar almas y el crecimiento de la iglesia. El Dr. Rice y el Dr. Bob Jones padre, viajaron por el país promoviendo el ganar almas en conferencias para pastores. Rice dirigió su atención hacia iglesias que estaban creciendo y dio oportunidad a pastores exitosos para que compartieran sus ideas y métodos ante una gran audiencia en las conferencias de La Espada del Señor.

El Dr. Curtís Hudson siguió al Dr. Rice como editor de La Espada del Señor y continuó con el énfasis en el avivamiento y ganar almas hasta su muerte en 1995.

Después de que el Dr. Jones ya no podía viajar con él, el Dr. Rice se hacía acompañar por el Dr. Jack Hyles, pastor de la Primera

El Fiel Testigo Bautista

Iglesia Bautista de Hammond, Indiana. Su iglesia generalmente es considerada como la iglesia Bautista más grande del mundo ¡con un promedio de 25,000 personas en la Escuela Dominical! Sin duda, el Dr. Hyles ha sido una gran influencia en el movimiento de grandes iglesias. Después de construir una iglesia grande en Garland (cerca de Dallas), Texas (de donde fue expulsado por la Convención Bautista del Sur por su oposición en contra del modernismo dentro de la Convención), tomó el pastoreado de la Primera Iglesia Bautista de Hammond. Su ministerio en Hammond influenció drásticamente el concepto de la construcción de iglesias en los Estados Unidos. Él llevó la Iglesia de Hammond a tener la mayor asistencia semanal de todas las iglesias de Estados Unidos, de todas las denominaciones. Su fuerte enseñanza de ganar almas, evangelismo personal de puerta en puerta, visitación de Escuela Dominical, ministerio de autobuses y programas especializados (ministerio para sordos, para hispanos, etc.) creó una atmósfera de gran crecimiento. Su habilidad como organizador ha mantenido trabajando correctamente a un ministerio multifacético con una cohesión increíble. Más que eso, mucha gente ha sentido que el Señor ha usado de manera especial al Dr. Hyles para motivarles a ganar almas y construir grandes iglesias.

Las ideas del Dr. Hyles han sido distribuidas a través de La Espada del Señor y conferencias similares, sus numerosos libros, su escuela anual para pastores (con asistencia de miles), y un colegio sostenido por su iglesia, Hyles-Anderson College. Los Estados Unidos han visto otras grandes iglesias construidas por Bautistas. En 1969, las nueve iglesias en los E.U. con mayor asistencia semanal eran Bautistas (ocho de ellas independientes, y una Bautista del Sur). En 1979, trece de las veinte iglesias más grandes eran Bautistas.

Otro notable constructor de iglesias ha sido el Dr. Lee Roberson, quien pastoreó la Iglesia Highland Park en Chatanooga, Tennessee durante más de cuarenta años, comenzando en 1942 cuando la iglesia tenía un promedio de cuatrocientos setenta personas en la Escuela Dominical.

¡Para 1979, la iglesia tenía un promedio de 11,000 personas en la Escuela Dominical! Las ideas del Dr. Roberson acerca del

227

crecimiento de la iglesia también se han propagado a través de sus muchos discursos y de su Colegio Bautista, la Universidad Tennessee Temple.

El Dr. John Rawlings y el Templo Bautista Landmark en Cincinnati, Ohio también influenciaron al movimiento de crecimiento de las iglesias. El Dr. Rawlings ha sido parte del liderazgo del Compañerismo Bautista Bíblico desde sus comienzos. También encabezó la construcción de una iglesia de varios miles en Cincinnati.

El Compañerismo Bautista Bíblico ha estado asociado con una gran cantidad de pastores que han construido iglesias muy grandes. Su primer Colegio, el Colegio Bautista Bíblico de Springfield Missouri, siempre ha sido reconocido por entrenar a constructores de iglesias. Además del Dr. Rawlings, otros pastores del Compañerismo Bautista Bíblico han sido conocidos por construir grandes iglesias, entre ellos se incluyen:

- El Dr. G. B. Vick, pastor del Templo Bautista en Detroit, Michigan.
- El Dr. Charles Billington, pastor del Templo Bautista de Akron, en Ohio.
- El Dr. Harold Henniger, pastor del Templo Bautista de Canton, Ohio,
- El Dr. Jerry Falwell, pastor de la Iglesia Bautista Thomas Road en Lynchburg, Virginia.

El Dr. G. B. Vick fue presidente del Colegio Bautista Bíblico por muchos años y se le ha dado el crédito de influenciar el énfasis del Colegio en el crecimiento de la iglesia.

Otro importante líder de la Compañerismo Bautista Bíblico fue el Dr. Noel Smith, quien sirvió como editor del periódico Baptist Bible Tribune hasta su muerte.

El Dr. Jerry Fallwell ha tenido un tremendo impacto en el público americano. Cuando la prensa quiere saber la opinión Bautista Fundamental sobre algo, siempre acuden con Fallwell para obtener sus comentarios. Además de ser conocido como un constructor de iglesias, el Dr. Fallwell tiene un ministerio nacional por televisión, y como resultado, se ha hecho tan conocido como cualquier otro pastor del país. También ha construido una grande y acreditada Universidad, La Universidad "Liberty", conectada a su Iglesia. Él ha influenciado a muchos Bautistas y otros fundamentalistas para envolverse en el movimiento político a través de su organización, Moral Majority (Mayoría Moral, ahora llamada Fundación Liberty). El Dr. Falwell ha tenido muchos críticos dentro y fuera del movimiento Bautista Fundamental, pero nadie puede negar su impacto en la nación.

Con el surgimiento de las iglesias grandes vino un increíble crecimiento en el movimiento de Escuela Diurna Cristiana. Una amplia insatisfacción sobre el nivel de educación y la falta de disciplina en la mayoría de las escuelas públicas llevó a muchos Bautistas Fundamentalistas a reconfigurar la educación. Miles de iglesias Bautistas empezaron sus propias escuelas, y a pesar de que muchas de ellas eran pequeñas y las instalaciones y el equipo eran limitados, ¡estas escuelas usualmente lograban mejores resultados que las escuelas públicas! En 1989, la Iglesia Bautista Landmark en Haines City, Florida, pastoreada por el Dr. Mickey P. Carter, se convirtió en la primera Iglesia Bautista en ofrecer una Escuela Cristiana Diurna completa y con un currículum para estudiar también en casa. El currículum Landmark Freedom Baptist es único y sigue creciendo en influencia a través de los Estados Unidos y el mundo.

La educación Cristiana se convirtió en un asunto de gran interés para los Bautistas fundamentalistas, y la mayor fuente de conflicto con el estado en décadas. Los gobiernos Locales y Federales reclamaron la autoridad sobre la educación que muchos Bautistas creían le pertenecía sólo a los padres, así que los conflictos se dieron en muchos estados conduciendo a importantes batallas legales. La separación de la iglesia y el estado y la libertad religiosa casi siempre fueron confirmadas y conservadas por las cortes, aun así, los problemas y el acoso nunca desaparecieron. Muchos ministerios de iglesias y escuelas Bautistas fueron defendidos por un predicador y abogado Bautista de nombre David

El Fiel Testigo Bautista

Gibbs, Jr. La Asociación Legal Cristiana de Gibbs se convirtió en un grupo de "misioneros legales" para numerosos ministerios. La lección final de este asunto aún está por escribirse.

Un tremendo crecimiento en la educación superior Cristiana también ocurrió durante este tiempo. Muchos Colegios Bíblicos crecieron, y un gran número de Colegios Bautistas y Universidades se han iniciado. Grandes avances también se han hecho en el área de los medios de comunicación. Entre los muchos líderes religiosos que hacen uso de la televisión además del Dr. Falwell están el evangelista Bautista del Sur John Ankerberg, el pastor Bautista del Sur Charles Stanley y el Bautista Independiente Jack Van Impe. Las estaciones de televisión local se están haciendo más comunes en las Iglesias Bautistas. Los ministerios radiales, locales y nacionales, han sido comunes para los Bautistas durante años. Oliver B. Greene y Lester Roloff son dos Bautistas Fundamentalistas que tienen transmisiones de radio ampliamente recibidas.

Los Bautistas Fundamentalistas también han desarrollado una buena cantidad de Agencias Misioneras. El Compañerismo Bautista Bíblico, Los Bautistas Conservadores y El Compañerismo Mundial Bautista mantienen sus propias Sociedades Misioneras, mientras que otras organizaciones incluyen a:

- La Asociación de Bautistas para el Evangelismo Mundial.
- Misiones Bautistas Internacionales.
- Misiones Mediante Bautistas.
- Misión Mundial Bautista.
- La Misión Evangélica Bautista y La Misión Evangélica Maranata.

Una organización dedicada a la distribución de Las Escrituras a través del mundo, operando a través de iglesias Bautistas es "Llevando la Preciosa Semilla." (Bearing Precious Seed)

CAPÍTULO 35

ORGANIZACIONES BAUTISTAS

"Por lo cual salid de en medio de ellos, y apartaos, dice el Señor, y no toquéis lo inmundo; y yo os recibiré, y seré Padre a vosotros, y vosotros me seréis hijos e hijas, dice el Señor Todopoderoso." (2 Corintios 6:17-18)

ORGANIZACIONES BAUTISTAS EN AMÉRICA

La Convención Bautista del Sur.

El grupo Bautista más grande en los Estados Unidos organizado en base a convenciones es la Convención Bautista del Sur. Ellos mantienen un programa misionero muy grande llamado Programa Cooperativo (descendiente de la Convención Bautista Misionera). Muchos Colegios, Seminarios, Campamentos y otros ministerios son operados por las convenciones estatales. Este grupo está constantemente involucrado en batallas internas acerca de la naturaleza de Las Escrituras. Hay más de 13 millones de Bautistas del Sur en América.

La Convención Nacional Bautista, E.U.A.

Este es el segundo grupo Bautista más grande en los Estados Unidos, y se compone principalmente de Bautistas de raza negra. Caracterizados por una lucha interna sobre el Modernismo, este grupo está muy orientado hacia el Evangelio Social. Tiene más de cinco millones de miembros en Los Estados Unidos.

La Convención Nacional Bautista de América.

Este grupo también representa a los Bautistas de color y tiene conflictos internos similares a los de la C.N.B, E.U.A. Su enfoque hacia el ministerio también es similar al de los ya mencionados C.N.B. Es muy activa en programas sociales y tiene más de dos millones y medio de miembros.

El Compañerismo Bautista Bíblico.

Esta es una Asociación que no ejerce gran autoridad sobre sus miembros, está compuesta por pastores y es el grupo Bautista más grande sin ningún elemento Modernista. Ellos tienen su propio comité de misiones y una lista de Colegios aprobados de costa a costa. Los compañerismos estatales mantienen sus propios campamentos y proyectos. Los miembros del grupo se estiman en más de dos millones. Este grupo se separó del Compañerismo Bautista Mundial.

Convención Bautista Americana.

Este grupo era anteriormente llamado Convención Bautista del Norte y se organiza en base a convenciones estatales. Tiene actividad en la mayoría de los estados, y aprueba a muchos Colegios, Seminarios y proyectos que son controlados por convenciones estatales. El Modernismo se ha convertido en la fuerza dominante de este grupo. Tiene más de un millón y medio de miembros.

Asociación Bautista Americana.

Este grupo es muy fuerte en el Sur, especialmente en Arkansas y Texas. Son los Landmarquistas (Delineadores de territorios), y su membresía se estima en más de 700,000. Ellos operan varios Institutos Bíblicos y una universidad.

El Compañerismo Bautista Mundial.

Esta organización fue fundada por J. Frank Norris como una división de la Convención Bautista del Sur. Es sólidamente Fundamentalista y tiene más de 700,000 miembros y operan su propio Seminario en Texas.

La Convención Nacional de Bautistas Primitivos.

Este grupo está formado principalmente por Bautistas negros que originalmente adoptaron posiciones Bautistas primitivas durante el gran debate de los "medios versus anti-medios." En nuestros días, tiene problemas similares a los de otros grupos Bautistas negros, con la excepción de que este grupo no mantiene escuelas. Tiene cerca de 700.000 miembros.

Convención Bautista Nacional Progresiva.

Esta es otra convención de Bautistas negros. Fue formada recientemente con un énfasis muy fuerte en el evangelio social y el modernismo. Tiene cerca de 500,000 miembros.

Asociación General de Iglesias Bautistas Regulares.

Este es un grupo que es doctrinalmente conservador, está formado por iglesias independientes que se formaron cuando los Fundamentalistas dejaron la Convención Bautista del Norte en protesta contra del modernismo. Está conformada por organizaciones estatales que controlan sus propias actividades y proyectos. Mantiene una lista de Comités de Misiones y Colegios aprobados. Tiene más de 300,000 miembros la mayoría en el Norte.

Asociación Bautista Conservadora de América.

Esta es otra agrupación de Bautistas conservadores en su doctrina que se separaron de la Convención Bautista del Norte en protesta contra el modernismo. Empezó como una Sociedad de Misiones separada y comúnmente se piensa en ellos como quienes representan un balance entre los Bautistas Modernistas y los fuertes Fundamentalistas. Se estima que tiene cerca de 300,000 miembros.

Asociación Bautista Misionera.

La palabra "Misionera" originalmente identificaba su apoyo al lado de los "medios" durante la controversia de "medios versus anti-medios." Este grupo fue formado en 1950 como una división de la Asociación Bautista Americana. Tiene más de 200,000 miembros y han tomado la posición llamada "Landmarquismo."

Bautistas Del Libre Albedrío (Freewill)

Este grupo es Arminiano, y trazan la historia de su movimiento hasta Randall en el siglo XIX. Muchos Bautistas de este grupo se unieron a los Bautistas del Norte en los comienzos del siglo XX, pero este grupo se mantuvo en una posición claramente Fundamentalista y separatista. Mantienen un colegio en Tennessee, y tiene más de 200,000 miembros.

Conferencia Bautista General de América.

Esta conferencia también es llamada Bautistas Suecos debido a que sus servicios originalmente eran llevados a cabo en sueco. Fue formada por muchos suecos que llegaron a los Estados Unidos durante la segunda mitad del siglo XIX. Se unieron a los Bautistas del Norte, pero nuevamente se separaron en protesta contra el Modernismo. Tiene cerca de 110,000 miembros.

Bautistas Generales.

Este es otro grupo Arminiano, trazan su historia asociándola con los Bautistas Generales de Inglaterra. Mantienen un colegio en Oakland City, Indiana, tiene alrededor de 90,000 miembros.

Bautistas Primitivos.

Esta es una agrupación Bautistas Calvinistas anti-misionera que se encuentran en su mayoría en el Sur y el Medio Oeste del país. Está en contra de los colegios bíblicos y tiene cerca de 75,000 miembros.

Bautistas Unidos.

Este grupo fue formado de la unión de algunos Bautistas Regulares y Bautistas separados en la Colonia de Virginia. La mayoría de estos se encuentran en el Sur y el Medio Oeste y tiene más de 60,000 miembros.

El Fiel Testigo Bautista

Bautistas Regulares.

Este grupo asocia sus orígenes con las primeras colonias Inglesas y tiene más de 20,000 miembros.

Bautistas Separados.

Este es otro grupo de Bautistas Arminianos que traza sus raíces hasta el gran avivamiento en Virginia. Está en contra de los Colegios Bíblicos y tiene un poco más de 10,000 miembros.

Bautistas Del Séptimo Día.

Este grupo tiene sus servicios los sábados y dice tener sus orígenes en las primeras colonias de Estados Unidos. Cuenta con poco más de 5,000 miembros.

Compañerismo Bautista del Sur.

Esta organización de Bautistas Fundamentalistas se reúne cada año para tener compañerismo y edificación. No tienen una escuela o comité de misiones oficial, y les es permitido pertenecer a otras organizaciones a la vez. Hacen un fuerte énfasis en la construcción de iglesias y el evangelismo.

Compañerismo Bautista Fundamental.

Este grupo de Bautistas tiene una posición muy firme en la separación. Se les conoce por llamar a un segmento de los Bautistas "Seudo-Fundamentalistas."

Compañerismo Internacional Bautista Independiente.

Muchos ex predicadores del Compañerismo Bautista Mundial se separaron de él para formar el C.I.B.I. en los ochentas. Son de doctrina fundamental y operan un Instituto Bíblico (nombrado J. Frank Norris) y un Comité de Misiones en Fort Worth, Texas. Enfatizan en la construcción de iglesias, las misiones y en ganar almas.

ORGANIZACIONES BAUTISTAS INTERNACIONALES

Alianza Bautista Mundial.

Este grupo fue diseñado para proveer un foro en que los Bautistas alrededor del mundo puedan mantener un testimonio unido y llevar a cabo proyectos conjuntos. Diferentes Grupos de Bautistas de ciento quince naciones representando a 31millones de personas son sus miembros. La mayoría de los Fundamentalistas evaden a este grupo debido a su tolerancia hacia el Modernismo.

Federación Bautista Europea.

Este grupo fue organizado en 1949 para mostrar un testimonio conjunto de parte de los Bautistas de Europa. Representa a más de ochocientos mil Bautistas y mantiene una sociedad misionera. Sin embargo, este grupo está fuertemente influenciado por los Modernistas.

ORGANIZACIONES BAUTISTAS EN OTRAS NACIONES

Unión Bautista Bíblica de Gran Bretaña.

Este grupo consta de más de dos mil Iglesias y mantiene colegios y una Sociedad Misionera. Es sólidamente modernista y tiene más de 175,000 miembros.

Federación Bautista de Canadá.

Esta organización está compuesta de más de mil Iglesias; mantiene escuelas, programas sociales y una Sociedad Misionera. Es muy modernista. Tiene más de 150,000 miembros.

Muchos países del mundo tienen sus propias Convenciones (ej. La Convención Bautista de México, La Convención Bautista Argentina, La Convención Bautista de Sudáfrica, etc.). Algunas de ellas están afiliadas con la Convención Bautista del Sur de Los Estados Unidos.

La mayoría de las iglesias fundadas por misioneros Fundamentalistas no están unidas a las convenciones nacionales. Esto se debe a que la mayoría (si es que no todas) de las Convenciones nacionales tienen miembros modernistas y Dios nos amonesta diciendo "...*Salid de en medio de ellos, y apartaos.*" (2 Corintios 6:17).

El Fiel Testigo Bautista

Su señor le dijo: Bien hecho, siervo bueno y fiel; sobre poco has sido fiel, sobre mucho te pondré, entra en el gozo de tu señor. (Mateo 25:23) RVG

CAPÍTULO 36

LOS HÉROES BAUTISTAS
NOS INSPIRAN PARA EL FUTURO

"Y cuando abrió el quinto sello, vi debajo del altar las almas de los que habían sido muertos por causa de la palabra de Dios y por el testimonio que ellos tenían. Y clamaban en alta voz diciendo: ¿Hasta cuándo, Señor, santo y verdadero, no juzgas y vengas nuestra sangre de los que moran en la tierra?" (Ap 6:9-10)

George Mueller es recordado como un gran héroe de la fe Cristiana. Su trabajo de construcción de orfanatos en Inglaterra y su vida de fe fueron un testimonio para Cristo de gran valor. Después de comenzar su famoso ministerio en Bristol, Inglaterra, se convenció de la verdad del bautismo de creyentes; sin embargo, él sabía que su principal apoyo económico provenía de aquellos que apoyaban el bautismo de infantes. Él sabía que presentarse para ser bautizado sería una experiencia que lo humillaría públicamente, pues era un predicador muy conocido. También sabía que su apoyo financiero se vería afectado. Pero él estaba convencido de que esta verdad estaba bien fundada en Las Escrituras, así que se presentó para ser bautizado. Su ministerio sufrió por un tiempo, pero su testimonio estaba primero, y él sabía que había sido obediente al Señor.

El Dr. Bob Jones padre, fue un muy conocido evangelista, ordenado por la iglesia Metodista. Predicaba en reuniones con el apoyo de una gran variedad de iglesias Fundamentalistas. Era conocido por ser partidario del bautismo de creyentes, pero se le criticaba porque no quiso renunciar a su Ordenación Metodista. (Los Metodistas sostienen la posición del bautismo de infantes.) Jones continuó predicando la verdad del bautismo de los creyentes al igual que los Bautistas, aun siendo Metodista. Después fundó la Universidad Bob Jones, una escuela Interdenominacional donde muchos Bautistas se han educado.

B.H. Carroll peleó en el ejército Confederado durante la Guerra Civil hasta que fue herido. Reaccionando ante un reto en 1865 acudió a una reunión de Cristianos, fue convertido y bautizado en una Iglesia Bautista. Llegó a ser famoso como pastor y teólogo e hizo más por defender la doctrina fundamental Bautista entre los Bautistas del Sur que cualquier otra persona.

Cuando John Birch era un joven estudiante universitario en la Universidad Mercer, se quedó asombrado del modernismo que allí había. Formó un pequeño Compañerismo de jóvenes estudiantes Bautistas para protestar ante la incredulidad que encontraron en este Colegio Bautista. Sin embargo, el Colegio impidió que se reunieran. Las declaraciones de Birch llevaron a una investigación para averiguar acerca del modernismo en Mercer, y se formó una gran controversia. Birch se identificó con J. Frank Norris y recibió entrenamiento como misionero en el Seminario Bautista Bíblico para ir al campo misionero. Fue a China como misionero y trabajó en un área que fue tomada por los japoneses durante su invasión a China en la Segunda Guerra Mundial. Birch tuvo que escapar a la parte libre de China, donde se ofreció como voluntario para ayudar al ejército Chino a rescatar pilotos caídos. Pronto también ayudó a pilotos americanos que tenían que pasar por China después de bombardear Japón. Él es quien encontró al famoso Jimmy Doolittle y a su tripulación después de su famoso bombardeo sobre Tokio. Birch continuó con su predicación misionera mientras trabajaba para el ejército Chino y después para el americano. Una semana después de que la guerra terminó, Birch fue asesinado por comunistas chinos. La verdadera historia de su muerte fue escondida por el gobierno americano durante cinco años. En los cincuentas, una nueva organización anticomunista tomó el nombre de Birch como un símbolo de la pelea contra el comunismo. Se llaman a sí mismos Sociedad John Birch.

R.A. Torrey fue muy conocido por ser un gran evangelista ganador de almas, pastor y educador Cristiano. Él venía de un trasfondo Presbiteriano, fue bautizado por rociamiento cuando era niño y ordenado como Congregacionalista. Era ya un predicador muy famoso cuando su estudio de Las Escrituras lo convenció del bautismo sólo para creyentes. Él y su esposa se humillaron, admitiendo que nunca habían sido bautizados correctamente y se presentaron para ser bautizados.

Muchas personas de diferentes estratos se han identificado con los principios Bautistas; algunos toman el nombre Bautista, otros no. Tienen ministerios muy variados. En algunas áreas tienen diferentes perspectivas. Los Bautistas aún llevan la bandera de la libertad y el evangelio de Jesucristo a un mundo necesitado. Por varias décadas ha sido el grupo evangelista más activo en cuanto a ganar almas y en los años recientes ha liderado el movimiento de Escuelas Cristianas. Ellos junto con los Pentecostales y algunos Neoevangélicos han hecho del Cristianismo Fundamentalista una fuerza política en los Estados Unidos.

Al menos tres Bautistas han sido electos presidentes de los Estados Unidos: Harry S. Truman, Jimmy Carter y Bill Clinton. (Algunos registros históricos también mencionan a Warren G Harding como Bautista.) Es justo decir que ninguno de estos sería visto como un ejemplo de los Bautistas Fundamentales históricos. De hecho las políticas del presidente Clinton han sido condenadas por las resoluciones de un gran número de grupos Bautistas incluyendo la Convención Bautista del Sur de la cual es miembro.

Los Bautistas parecen estar en una verdadera encrucijada en cuanto su misión en los Estados Unidos. Los Bautistas del Sur siguen batallando para darle firmeza a la posición doctrinal de su Convención. Cada año los medios a nivel nacional cubren los conflictos de la Convención Bautista del Sur. Mientras que los Bautistas Fundamentales hoy en día, están más divididos que nunca. Conflictos sobre si la Biblia King James es la Palabra de Dios preservada perfectamente, la separación personal o de asociaciones, modelos de conducta, vestido y música han creado muchas líneas de separación entre los Bautistas Fundamentales. También las divisiones sobre la personalidad de diversos pastores y evangelistas son extremadamente comunes. Muchas Iglesias Bautistas están experimentando un declive en asistencia mientras que las iglesias no denominacionales o comunitarias están experimentando un crecimiento proporcional a este declive.

La importancia de los Bautistas en la política continúa creciendo. Es difícil recordar que los Bautistas, alguna vez, fueron rechazados por el medio político. Los Demócratas cuentan a las Convenciones Bautistas de raza negra como una parte importante de su fuerza política, y los Republicanos consideran a la mayoría de los Bautistas Fundamentalistas blancos como firmes apoyadores de su causa. Ambos partidos políticos hacen campaña para ganar la influencia de los Bautistas del Sur.

Jacob Knapp es recordado como una influencia muy importante entre los Evangelistas Bautistas. Proveniente de raíces Episcopales, se convenció de la verdad del bautismo de los creyentes y se presentó en una Iglesia Bautista en Otego, Nueva York. Es recordado por ser el primer Evangelista independiente de tiempo completo (Otros trabajaban para Asociaciones Bautistas). En una de sus primeras campañas (alrededor de 1830) en Albany, Nueva York hubo 1,500 conversiones. Él fue iniciador de un ministerio que ha sido de gran beneficio a muchas iglesias.

En 1886, el Dr. Russel Conwell, pastor de la Iglesia Bautista Grace en Filadelfia, fundó una Universidad para gente que no tenía los medios económicos para asistir a otras Universidades. Debido a este esfuerzo se fundó la Universidad Temple.

El misionero John Clough fue a la India en 1864, siguiendo a varios otros que habían trabajado entre la gente Telugu con poco éxito. Él hizo arreglos con el gobierno Inglés para construir un canal del que tenían mucha necesidad y contrató a mucha gente nativa de Telegu. Clough organizó a varios predicadores para ministrar a los trabajadores del canal y el resultado fue mayor de lo que se hubiera podido imaginar. En la mañana de Navidad de 1877, más de 2,300 nativos se presentaron en su iglesia para ser bautizados. Él y otros seis predicadores sumergieron a 2,200 personas en un solo día y en un lapso de dos años ya habían bautizado a otros 8,000 creyentes.

En 1844, el misionero Bautista, Henry Richards comenzó una misión en el río Congo, y en dieciséis años había levantado tres iglesias con una membresía combinada de más de 1,500 personas.

En 1940, un predicador Bautista, Jack Wrytzen, fundó el Compañerismo Palabra de Vida, (Word of Life Fellowship) y esto llevó a un ministerio por radio, un campamento en Nueva York que da servicio a más de 18,000 personas al año y a misioneros en veintisiete países. Entonces en Chicago en 1942, un predicador Bautista llamado Lance Latham comenzó un ministerio de campamentos llamado Campamento Awana. Sólo la eternidad revelará cuánta gente joven ha sido influenciada por los clubes Palabra de Vida y Awana que nacieron de este ministerio de campamentos.

En el evangelismo, educación, misiones y ministerio de jóvenes, los Bautistas siempre han sido innovadores. Sus Distintivos del sacerdocio de todos los creyentes y de la libertad espiritual han impulsado la creatividad y el libre pensamiento.

La historia de los Bautistas prueba que sus Distintivos funcionan, proveyendo una atmósfera que Dios bendice y usa. La Autoridad de Las Escrituras provee una respuesta para cada problema o incidente que enfrentemos.

Los Bautistas tenemos el legado de grandes ganadores de almas tales como:

- John Peck,
- Adoniram Judson,
- Peter de Bruys,
- Henry de Lausanne,
- John Clough,
- William Carey, y
- John R. Rice.

Tenemos también un legado de fuertes defensores de la libertad como:

- Amoldo de Bresica,
- Isaac Backus,
- Tertuliano,
- John Bunyan,
- John Birch, y

- Richard Furman.

También tenemos una gran herencia de constructores de iglesias como:

- Charles Spurgeon,
- George W. Truett,
- Jack Hyles,
- Lee Robertson, y muchos otros.

CAPÍTULO 37

LOS BAUTISTAS HISPANOS

En las últimas cinco décadas el Movimiento Bautista Hispano ha experimentado un gran crecimiento. Grandes ganadores de almas y plantadores de Iglesias han influenciado fuertemente a los Bautistas Fundamentalistas Hispanos. En todos los países de habla Hispana (en América Latina y el Caribe) se puede ver un surgimiento de Iglesias Bautistas Fundamentalistas autofinanciadas, autónomas y que apoyan misiones.

Entre los ganadores de almas, plantadores de Iglesias y constructores de grandes Iglesias se puede mencionar a Hernán Cortés, Valente Hernández, Luis Ramos, Rubén Murillo, Carlos Donate, Humberto Gómez, Ezequiel Salazar, José y Roy Carrizales, Juan Manuel Becerra, José Gómez, Alejandro Córdoba, Juan Casias y muchos otros. Sería necesario escribir un libro completo para poder mencionar a todos los hombres Hispanos que están haciendo historia entre los Bautistas.

Los Bautistas Hispanos también están experimentando un gran avivamiento por la Obra Misionera Mundial. Hoy en día es muy común ver a Misioneros Hispanos ganando almas y plantando Iglesias en países extranjeros como África, China, Filipinas, Israel etc.

¡El Legado Bautista es Excepcional! Es una historia de fidelidad y evangelismo. Es una historia de valentía, de sacrificio y denuedo. Es la historia de un "rastro de sangre." Nuestro pasado es glorioso. El futuro aún está por escribirse. Los jóvenes que ahora están siendo entrenados determinarán el futuro.

- Determinarán si el futuro será de valentía o cobardía.
- Determinarán si los Distintivos Bautistas serán puestos en práctica o los sostendrán sólo de palabra.
- Determinarán si el movimiento Bautista crecerá o decrecerá.
- Determinarán si el Legado Bautista de libertad será preservado o se rendirá en medio de la debilidad.

- Determinarán si todavía hemos de tener más historias de héroes ganadores de almas; de bautismos, de grandes hazañas, o si de una manera cobarde entregamos el futuro.

Por tanto, es nuestro deber proveer a nuestros jóvenes el entrenamiento necesario, enfatizando correctamente en nuestro Legado Bautista Fundamental. Debemos retarlos para que se den cuenta que ¡Nuestro futuro está en sus manos!

ACERCA DEL AUTOR

El Dr. Phil Stringer, Ph.D., D.D., es pastor de la Iglesia Bautista Ravenswood, de Chicago. Anteriormente fue presidente de un colegio Bíblico.

Es un dinámico orador en conferencias Bíblicas; ha dado conferencias en más de 380 Iglesias, campamentos y colegios, y ha predicado en 46 estados y 13 países.

Es profesor visitante en el Colegio Bautista Termino Antiguo (Manila, Filipinas), Colegio Bautista de Asia (Manila, Filipinas), Colegio Bautista Dayspring (Lake Zurich, Illinois), Colegio de Misiones Bautista Westwood (Winter Haven, Florida), y en el Colegio Bautista Florida (Tampa, Florida). Comúnmente enseña como maestro invitado en otros colegios y ha enseñado cursos en 16 colegios.

Ha escrito 4 libros, 16 folletos, 22 currículos para colegios, 5 currículos para preparatorias y un currículo para escuela primaria.

Sirve en el Panel de Directores del Colegio Bautista Herencia, el Consejo de Investigación Biblia King James y La Asociación Americana de Educadores de Colegio. Sirve en el Panel de Consejeros de Nación de la Biblia, Misiones Bautistas Primera Luz, Misión de Nativos, Shalom, La Sociedad Dean Burgon y en la sociedad Bautista Graceway. Es el Presidente de la Sociedad Bíblica William Carey.

Graduado con bachillerato en Ciencias y un Título en Biblia del Colegio Bautista de Indiana en 1975. Recibió un Doctorado en Educación Cristiana de la Universidad Libertad en 1980. Recibió el

El Fiel Testigo Bautista

Título de Doctor en Filosofías de la Biblia en Inglés del Colegio Bautista Término Antiguo en 1997. Recibió un Doctorado en Educación Religiosa del Colegio Bíblico Americano en 2004.

El Dr. Stringer fue distinguido con el Título de Doctor en Divinidad por el Colegio Bautista Bíblico de Asia en 2002. Fue distinguido con el Título de Doctor en Literatura por el Colegio Bíblico Americano en 2002. Fue honrado por el Alumnado de la Universidad Bautista Herencia como el educador del año en 2007. Recibió el galardón como el pastor del año de parte del Campamento Bautista The Hoosier Hills en 2008.

Puedes contactarlo en:

5846 N. Kimball

Chicago, IL 60659

Phone: (773) 478-6083

Email: philstringer@att.net

LIBROS Y DVDS DISPONIBLES DEL DR. PHIL STRINGER

$3.00 Libros

Legado Majestuoso—un repaso al legado de 400 años de la Biblia King James. El impacto de la Biblia King James en la política, literatura, lingüística, cultura y avivamiento.

Inglés Bíblico—el inglés distintivo y necesario para trasladar Las Escrituras griegas y hebreas originales al idioma inglés.

La Historia de la Biblia en Inglés—el registro de la traslación de la Biblia al Idioma Inglés.

En Defensa de I Juan—el versículo más atacado de la Biblia es I Juan 5:7. Las razones para incluir este versículo en el texto de Las Escrituras.

La Identidad Mal Identificada—una refutación a la herejía sectaria del Movimiento de la Identidad Cristiana.

La Verdadera Historia de King James—una refutación a las

falsas acusaciones de homosexualismo hechas en contra de King James I.

La Teoría de Solo Westcott y Hort—una refutación a la teoría que ha desafiado al Texto Tradicional y ha ejercido gran influencia en el mundo religioso de hoy en día.

Los Medios de la Inspiración—un Estudio Bíblico e histórico para probar que el Espíritu Santo dictó las Palabras de Las Escrituras.

Muchas Pruebas Infalibles—pruebas Bíblicas e históricas de la existencia de Cristo y su Resurrección corporal.

La Verdadera Historia—una Mirada a las lecciones que han sido ignoradas acerca de la historia de los Nazis, San Patricio y otros.

Cincuenta Demonstraciones del Legado Cristiano-Americano—cincuenta pruebas del impacto de la Cristiandad Bíblica en el desarrollo de la cultura en los Estados Unidos.

El Texto Recibido para Todo el Mundo—la importancia de tener una Traducción basada en el Texto Recibido en todos los idiomas del mundo.

Respuestas Preparadas—una respuesta a las críticas contra la Biblia King James que son promovidas por evangélicos y fundamentalistas.

La Controversia del Código Vinci—una refutación a los temas religiosos e históricos de libros y películas populares.

$10 DVDs

La Historia de la Biblia en Inglés—la historia de la Biblia desde que Las Escrituras fueron dadas hasta la Biblia King James. Originalmente dada en la Universidad de Michigan

Legado Majestuoso—dos mensajes acerca del impacto de 400 años de la Biblia King James. Originalmente dada en Iglesia Bautista Emmanuel de Corona, Michigan.

$8.00 Libros

Las Pretensiones Mesiánicas de Gail Riplinger—una refutación a las pretensiones de Gail Riplinger que reclama ser una profetiza del mundo moderno.

$12 Libros

El Fiel Testigo Bautista—una Mirada a las doctrinas e historia del movimiento Bautista histórico. Una historia diseñada para la persona común de la banca.

Gail Riplinger y su Conexión con el Ocultismo—una mirada a las enseñanzas de ocultismo que Gail Riplinger ha infiltrado en las Iglesias Bautistas.

El pedido de todo este material puede ser hecho a:
Dr. Phil Stringer
5846 N. Kimball Ave.
Chicago, IL 60659
philstringer@att.net

En todo pedido de más de $25:00 no se cobra el gasto de envío.

El Dr. Stringer está disponible para dar conferencias en cualquiera de los tópicos que sus libros contienen. Usualmente esto se hace en dos días, lunes y martes. Ocasionalmente, otro itinerario puede ser concertado.

www.ingramcontent.com/pod-product-compliance
Lightning Source LLC
Chambersburg PA
CBHW071417090426
42737CB00011B/1494